KU-263-924

Cardiff Libraries
www.cardiff.gov.uk/libraries

Llyfrgelloedd Caerdydd
www.caerdydd.gov.uk/llyfrgelloedd

ACC. No: 02895292

Blwyddyn Gron

Barddoniaeth ddefnyddiol ar gyfer Dathliadau'r Flwyddyn

CYM
891.661208
BLW

Golygydd: Sian Northey

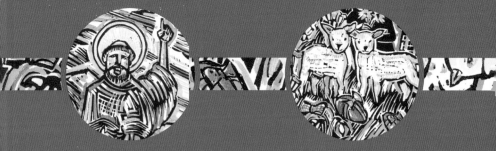

Lluniau: Anthony Evans

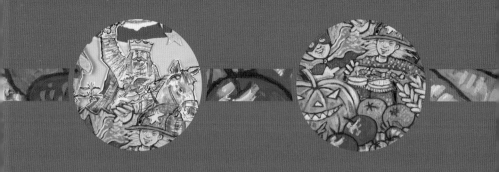

Argraffiad cyntaf: 2013

ⓗ testun: gweler rhestr cydnabyddiaeth yng nghefn y gyfrol

ⓗ darluniau: Anthony Evans 2013

Cyhoeddwyd gan Wasg Carreg Gwalch,
12 Iard yr Orsaf, Llanrwst, Dyffryn Conwy, Cymru LL26 0EH.
Ffôn: 01492 642031
Ffacs: 01492 642502
e-bost: llyfrau@carreg-gwalch.com
lle ar y we: www.carreg-gwalch.com

Argraffwyd a chyhoeddwyd yng Nghymru

Dynlunio: Eleri Owen

Cedwir pob hawl.
Ni chaniateir atgynhyrchu unrhyw ran o'r cyhoeddiad hwn,
na'i gadw mewn cyfundrefn adferadwy, na'i drosglwyddo
mewn unrhyw ddull na thrwy unrhyw gyfrwng, electronig, electrostatig,
tâp magnetig, mecanyddol, ffotogopïo, recordio, nac fel arall,
heb ganiatâd ymlaen llaw gan y cyhoeddwyr, Gwasg Carreg Gwalch,
12 Iard yr Orsaf, Llanrwst, Dyffryn Conwy, Cymru LL26 0EH.

Rhif rhyngwladol:
978-1-84527-432-0

Mae'r cyhoeddwyr yn cydnabod cefnogaeth ariannol
Cyngor Llyfrau Cymru

Rhagair

Nid y fi yw'r person gorau i lunio blodeugerdd. Mae'n gas gen i gwestiynau megis 'Pa un ydi dy hoff liw? Dy hoff dymor? Dy hoff gerdd?' Nid fy hoff liw i heddiw fydd fy hoff liw i yfory, ac yn sicr nid fy hoff gerdd i heddiw oedd fy hoff gerdd i ddoe. Mae pethau rhywfaint gwell pan geir caniatâd i ddewis tua chant a hanner o gerddi. Ond ddim llawer gwell. Fe ddewisais gerddi ac yna penderfynu eu hepgor, ac yna eu cynnwys eto, am bob math o resymau. Hoffwn ymddiheuro i'r beirdd gwych nad oedd eu cerddi ar y rhestr y diwrnod y bu rhaid gyrru'r proflenni i'w hargraffu.

Ond mae yma, yn y dewis terfynol hwnnw, gerddi ar gyfer y gwahanol achlysuron yn y flwyddyn. Gobeithio hefyd y cewch gerddi addas i'ch hwyliau beth bynnag y bônt. Nid yr un yw Dolig pawb - mae Geraint Lovgreen ac Arwyn Roberts am wneud i ni chwerthin, mae Iwan Llwyd yn gwneud i ni feddwl a charol blygain gyfoes Iwan Morgan yn ein helpu i wirioni.

Rhan bwysig o flwyddyn pawb wrth gwrs yw eu pen-blwydd a phen-blwyddi eu ceraint. Ni wn pryd mae eich pen-blwydd chi, felly, yn hollol fyfiol gosodais ambell gerdd ben-blwydd yn y rhan o'r llyfr sy'n cynnwys mis Ionawr.

Diolch yn fawr i Myrddin am awgrymu'r syniad ac am fy ngwadd i ymgymryd â'r gwaith, ac i holl staff Carreg Gwalch am eu gofal. Diolch i'r beirdd, o fardd anhysbys o'r nawfed ganrif i Christine James. A diolch arbennig i Anthony Evans am ei waith celf. Hebddo ni fyddai yma ond casgliad o gerddi. Ond o'u cyfuno gyda gwaith Anthony crëwyd cyfrol. Cyfrol a fydd gobeithio yn eich atgoffa o hen ffefrynnau ac yn eich cyflwyno i gerddi newydd a ddaw'n ffefrynnau, ac yn fwy na dim cyfrol a fydd yn cael ei defnyddio.

Sian Northey
Penrhyndeudraeth
Medi 2013

Ionawr, Chwefror ...

Blwyddyn Newydd Dda

I bob hen geffyl ufudd, gwâr,
Sydd erbyn heddiw'n llwyr ddi-werth,
Yn llwm ei fyd rhwng pedair perth,
Blwyddyn Newydd Dda.

I bob hen fardd nas molir mwy
Oblegid dyfod tro ar fyd,
Ac eto'n dal i ganu o hyd,
Blwyddyn Newydd Dda.

I bob hen forwr a ddaeth i'r lan
I drigo mewn diramant gell,
A'i galon ar y moroedd pell,
Blwyddyn Newydd Dda.

I bob hen weithiwr, trist o weld
Ei law mor dyner ac mor lân,
Bron blino ar orffwys ger y tân,
Blwyddyn Newydd Dda.

I bob hen broffwyd cryg ei lais
O hir daranu uwch y tir,
A'i Saboth mwy yn ddiwrnod hir,
Blwyddyn Newydd Dda.

Crwys

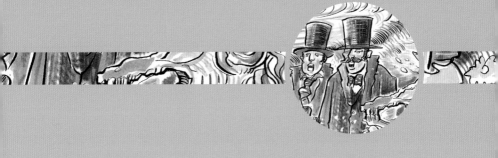

Hen fachlud a gwawr newydd

Tafarn Tŷ Coch, Porth Dinllaen, pnawn Calan

Mae'r Eifl yn codi'i chap i flwyddyn well;
gosodwn ddarnau olaf y jig-so
Nadolig yn eu lle, yr ŵyl ymhell
o'n holau erbyn hyn, ac awn am dro
drwy'r trai am dywod diog Porth Dinllaen.
Mae'r sbeis tymhorol yn y gwin o hyd
pan ddown at dorf o fastiau dewr o flaen
y dafarn draeth, pob gobaith yn ei grud.
Toc wedi tri, daw heulwen isel braf
dros ddŵr sy'n cilio'n ôl o'r harbwr clai,
gan roi i'r glannau sglein o felyn haf
a boddi'r sêr sy'n oedi 'ngwydrau'r tai.
Un lli yn wacach ydi'r hafan hon;
un golau'n gryfach ydi gwar y don.

Myrddin ap Dafydd

Blwyddyn Newydd

13

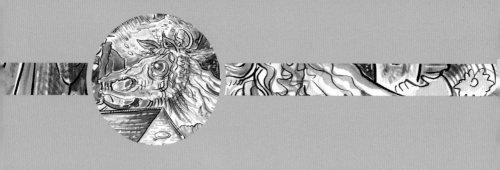

Gofuned Dechrau Blwyddyn (1960)

Diniwed flwyddyn newydd!
Ar ruthr-rawd ein ffawd a'n ffydd,
Erfyniwn am ryw fannau
Oll yn oll i'n llawenhau,
A gwên gwahodd y Gwanwyn
A'i loywisg las i wag lwyn.
Cofiwn wae gwyll y Gaeaf
A holwn hynt heulwen Haf.
Diledryw hidlo Hydref,
A gawn ddygymod ag ef?

Rho inni dirion Ionawr,
Oriau mwyn heb eira mawr,
Chwefror a goror gweryd
O do'r iâ'n barod i'r ŷd,
Mawrth ac Ebrill ebillaidd
Ac achles gwres wrth eu gwraidd,
Mai â'i haf, a Mehefin
A'r ias o'i greu ar y sgrîn,
Gorffennaf â'i haf hefyd
Yn stôr i Awst ar ei hyd,
Medi yn drwm o ydau,
Hydref yn gwd i'r cnwd cnau,
Tachwedd heb gryglyd duchan,
Rhagfyr a myrr yn y man.

E. Lloyd Williams

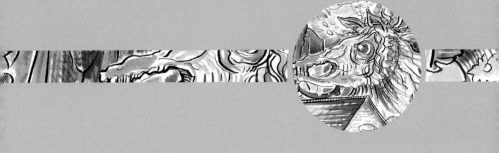

Ionawr 2004

Mae'r flwyddyn yn ei henaint erbyn hyn,
a'r dydd 'di mestyn mwy na dau gam ceiliog,
ar hyd ffordd arall, aeth y doethion syn
yn ôl i graffu ar y nos serennog;
a thrwy'r anialwch maith, o lech i lwyn,
aeth tri ar daith, rhag dial enbyd Herod,
nes cyrraedd tro annisgwyl wnaiff eu dwyn
yn ôl i Balesteina rhyw ddiwrnod:
dyna 'di trefn tymhorau, llanw a thrai,
ymadael a dychwelyd, mynd a dod,
ac am fod tymor arall, fwy neu lai,
yn dweud mai'r hyn a fu yw'r hyn sy' i fod,
aeth un fu 'Methlehem yn cadw'r hedd
adre'n ôl i Gaersalem i agor bedd.

Iwan Llwyd

Ias Ionor

Ias Ionor y sy' heno – a rhywun
O'r awyr sy'n pluo!
Duw Iôr, yn d'eira, dyro
Draed twym i adar y to!

Gwilym R. Jones

Blwyddyn Newydd

15

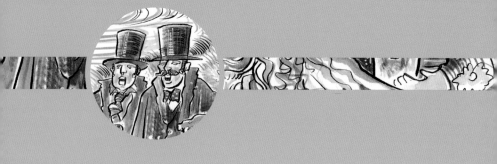

Cân y Fari Lwyd
(Pentyrch)

(Oddi allan)
Wel dyma ni'n dwad
Gyfeillion diniwad
I ofyn am gennad i ganu.

Os na chawn ni gennad,
Cewch glywed ar ganiad
Beth fydd ein dymuniad-nos heno.

Agorwch y dryse,
Mae'r rhew wrth ein sodle,
Mae'r rhew wrth ein sodle-nos heno.

Os oes gennych atebion,
Wel, dewch â nhw'n union
I ateb prydyddion y gwylie.

(Ateb oddi mewn)
O, cerwch ar gered,
Mae'ch ffordd yn agored,
Mae'r ffordd yn agored-nos heno.

(Oddi allan)
Nid ewn ni ar gered
Heb dorri ein syched,
Heb dorri ein syched-nos heno.

(Oddi mewn)
Mae ffynnon yn tarddu
Ym mhistyll y Beili,
Trwy ffafwr cewch lymed i brofi.

(Oddi allan)
Nid yfwn o'r ffynnon
I oeri ein calon
I fagu clefydon-y gwylie.

(Oddi mewn)
Rhowch glywad, wŷr doethion,
Pa faint y'ch o ddynion
A beth yn wych union yw'ch enwau

(Oddi allan)
Rhyw bump o wŷr hawddgar,
Rhai gorau y ddaear
Yn canu mewn gwir air am gwrw

(Oddi mewn)
Os llymaid bach melys
A geisiwch dros wefus
Dewch atom yn hwylus i'r aelwyd

Traddodiadol

Blwyddyn Newydd

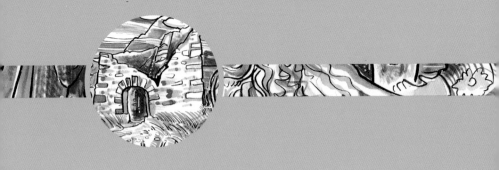

Esgidiau

(mewn amgueddfa, lle cedwid pethau'r 'Resistance' a'r Natsïaid)

Blinder traed yn ein gyrru
a hi'n bnawn Sul yn Oslo
i araf-fyd amgueddfa

a chanfod
esgidiau plant;
catrodau a chatrodau ohonynt,
yn rhesi a rhesi destlus;
a chyn nwyo'r rhai bach un pnawn,
rhoddwyd trefn arnynt.

mor ddiystyr yw esgidiau, heb draed.

Clymwyd careiau
esgidiau cryfion didraul
heb i byllau dŵr dasgu ar eu traws
na sgathru waliau wrth ddringo,
heb dympandod y lledr
na rhychiadau o ôl cwympo,
y baglu anorfod na'r bracso,
rhai'n argoeli   ar bnawn Sul,
braidd-dysgu-cerdded.   yn wylio hi
                                  a'i thranc,

a fel 'na y tyfodd un bothell
                                  mor ddistŵr
                                  yn nhraed eu sanau.

Menna Elfyn

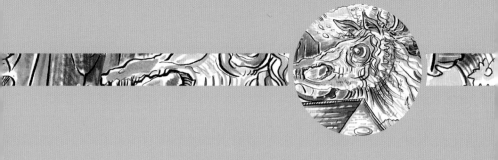

Y Gaeaf

(detholiad)

Llym awel, llwm bryn, anodd caffael clyd;
Llifa'r rhyd, rhewa'r llyn;
Fe saif gŵr ar un gwelltyn.

Ton ardon yn toi y tir;
Uchel y gwaeddau ger uchel fannau'r bryn;
Prin, allan, sefir.

Trist, oer [y] llyn rhag twrw'r gaea',
Crin [y] cawn, gwellt druana',
Llidiog awel, coed yn dena'.

Oer gwely'r pysgod yng nghysgod ia;
Main [yr] hydd, [y] cawn yn farfog;
Byr diwedydd, gwŷdd cwmanog.

Bwrw eira, gwyn ei groen;
Nid â milwyr i'w neges;
Oer [y] llynnau, eu lliw heb wres.

Bwrw eira, barrug gwyn;
Segur [y] darian ar ysgwydd [yr] hen;
Rhyfawr [y] gwynt, rhewa pob gwelltyn.

Anhysbys
(9fed ganrif)
diweddariad gan Gwyn Thomas

Y Gaeaf

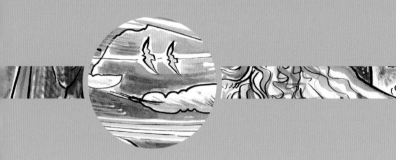

Y Creu

Dwy dduwies fach ar fore gwyn;
Eluned Mai a Nona Wyn,
O weld yr eira'n dweud fel hyn –
    "Gwnawn ddyn."

A gwnaethant ef ar fyr o dro,
Ac iddo lygaid talpau glo,
Ac megis duwiau ei enwi o –
    Yn ddyn.

A dathlwyd camp y creu ar goedd,
Gan y duwiesau â llawen floedd.
Ond troes 'Da yw' yn "Och, da oedd
    Y dyn."

Dewi Thomas

Wrth Gerdded Trwy'r Eira

Heddiw myfi yw'r cyntaf
I droedio y ffordd hyn,
Ni wn paham y beiddiaf
Sangu'r prydferthwch gwyn;

Ond cawod arall eto
Sy'n lluwchio heibio'r coed,
Diolch am wyndra honno
I guddio ôl fy nhroed.

R. J. Rowlands

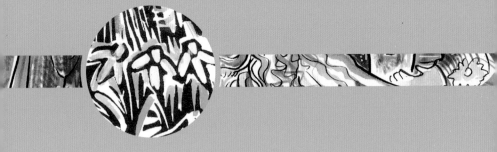

Eirlysiau

Ni chlywais lais un utgorn
Uwch bedd y gaeaf du,
Na sŵn fel neb yn treiglo
Beddfeini, wrth ddrws fy nhŷ.
Mi gysgwn mor ddidaro
Â Pheilat wedi'r brad;
Ond grym yr Atgyfodiad
A gerddai hyd y wlad.

Oblegid pan deffroais
Ac agor heddiw'r drws
Fel ganwaith yn fy hiraeth
Wele'r eirlysiau tlws
'Oll yn eu gynnau gwynion
Ac ar eu newydd wedd
Yn debig idd eu Harglwydd
Yn dod i'r lan o'r bedd.'

Cynan

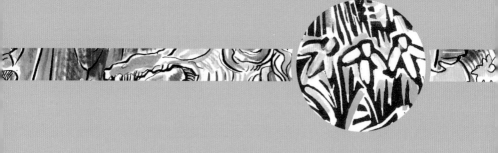

Chwefror

Dewch odd'na bois bach a mwstrwch,
'Sdim amser nawr i dindroi,
Mae'n Chwefror a'r dydd yn ymestyn
Ac yn bryd mynd ati i bar'toi.

Llifanwch y bilwg a'r fwyellgaib
I gael trasho cloddiau Parc Mawr,
Mae bach y rhew yn ein rhwystro
Rhag gwneud dim byd arall nawr.

A thynnwch fonau'r drain duon
A'r eithin, a phlygwch y gwrych,
Os yw'r dwyreinwynt yn finiog
Cewch eich gwres 'rwy'n siŵr, ac mae'n sych.

Ac wedi gorffen ei glirio
Ewch â'r tractor a'r fforch i grynhoi
Y trash yn bentwr a'i losgi
Fel y byddo mewn trim i'w droi.

Cyn diwedd y mis rwy'n gobeithio
Gweld pen y cloddiau fel rhwyd,
A'r erwau yn gwysi cribog,
Heb na balc na phlet hyd y glwyd.

Ac yn barod am ddôs o fasig,
A chot o galch trosto i gyd,
A'r gorchwyl o'i drin a'i drafod
I'w ail hadu pan ddaw hi yn bryd.

Alun Cilie

Y Gaeaf

23

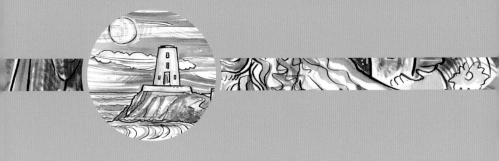

Ynys Llanddwyn

Mi hoffwn fyw ar Ynys Llanddwyn
Mewn bwthyn gwyn uwch ben y lli,
Gwylio adar y môr bob bore,
A dy gael di gyda mi.

Mae'r môr yn las rownd Ynys Llanddwyn,
Ac ynddo fe ymolchwn ni,
Lle mae'r adar yn pysgota,
O dwed y doi di gyda mi.

Gorwedd ar y traeth a theimlo heulwen yr haf,
Paid â phoeni am y glaw mae tonnau'r môr yn
braf,
Mae eglwys Dwynwen ar Ynys Llanddwyn,
Ac ynddi fe weddïwn ni,
Gofyn iddi santes cariadon,
A ddoi di yno gyda mi.

Gorwedd ar y traeth a theimlo heulwen yr haf,
Paid â phoeni am y glaw mae tonnau'r môr yn
braf,
A phan ddaw'r nos ar Ynys Llanddwyn,
Pan fydd yr haul a'r môr yn cwrdd,
Eisteddaf wrth y tân yn fy mwthyn,
Efallai nad af byth i ffwrdd.

Emyr Huws Jones

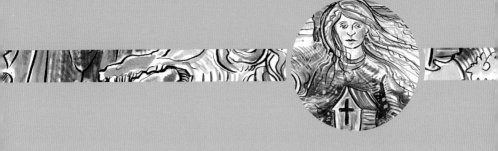

Englyn Santes Dwynwen

Mae o hyd, yn nod i mi, gael dy weld,
　　　gweld y wên yn gwmni,
　　ond tybed a ddywedi
　　mai'r un nod yw d'eiddo di?

Tudur Dylan Jones

Cân Serch

Beth yw adfyd?
Cur f'anwylyd
dros blant y byd.

Beth yw gwynfyd?
Gwên f'anwylyd
ar ŵyr mewn crud.

T. James Jones

Cariad

Gwelais ddawns y darnau arian
Pan fydd yr haul yn golchi'r marian,
Wedyn, oedi yn syfrdandod
Machlud ar y twyn a'r tywod,
Ond fe'm daliwyd gan dy lygaid dyfnion di.

Rhywle draw uwch swae y tonnau –
Galwad gwylan ar y creigiau,
A daw eto falm i'r galon
Wrth noswylio'n sŵn yr eigion,
Ond fe'u ffeiriwn oll am rin dy chwerthin di.

Clywais yno stori'r dryllio,
Y waedd am help a neb yn malio,
Ac yn chwilfriw ar y glannau
Bydd broc môr y torcalonnau,
Ond angor fawr i'm cadw fydd dy freichiau di.

Gwyn Erfyl

Mi gerddaf gyda thi

Mi gerddaf gyda thi dros lwybrau maith,
A blodau, cân a breuddwyd ar ein taith;
I`th lygaid syllaf i a dal dy law:
Mi gerddaf gyda thi, beth bynnag ddaw.

Mi gerddaf gyda thi pan fydd y lloer
Fel llusern yn y nen ar noson oer.
Addawaf i ti `nghalon i yn llwyr:
Mi gerddaf gyda thi drwy oriau`r hwyr.

Mi gerddaf gyda thi drwy weddill f'oes,
Pan fydd yr haul ar fryn neu`r dyddiau`n groes;
A phan ddaw`r alwad draw, pwy ŵyr pa awr,
Mi gerddaf gyda thi i'r freuddwyd fawr.

**Addasiad Anhysbys o gân
Edward Lockton ac Alan Murray**

Dydd Santes Dwynwen

I Cennydd ac Angharad

(ar ddydd eu priodas)

Dewch i ganu am yr haf hirfelyn,
i yfed gwin poteli'r ddinas hael,
i ddilyn nodau cariad ar y delyn
a dawnsio'n rhydd yn neuadd fawr yr haul,
dewch yn dystion llon i weld yr uniad,
i weld y fodrwy aur a'r rhosyn coch,
gweld yr addunedau yn gyffroad,
a gweld y ddau yn dawnsio foch ym moch.

Ewch wedyn, wedi gweld a chlywed hyn,
ewch gan fedithio gyda'r gwin a'r Gair,
gan daflu'ch cariad fel conffeti gwyn
dros ben y dau, ewch a'ch cyfarchion taer
i'w gwylio gyda'i gilydd, ar eu taith
a'u danfon ar eu ffordd i'w gwynfyd maith.

Hywel Griffiths

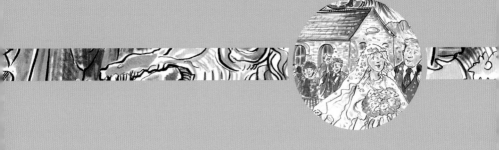

Agorawd eich deuawd yw

(i ddathlu priodas Eleri, o Gaerdydd, a Jonathan, o Gaerloyw, Ionawr 5, 2008)

Daw dwy wlad i haul y wledd,
dwy genedl i'w digonedd,
dwy hil i'w huno'n deulu,
yn gymun teg mewn un tŷ;
dwy dre, dau darddle, dwy iaith,
dwy alaw o ddwy dalaith.

Ond yma nawr dyma ni
i gyd ar adain godi
uwchlaw hyn; mae'n uchel ŵyl
galennig i lu annwyl;
awn uched â'r ehedydd
coeth, yn dwlu dathlu dydd
priodas wen dyn a menyw;
agorawd eich deuawd yw.

T. James Jones

Dydd Santes Dwynwen

29

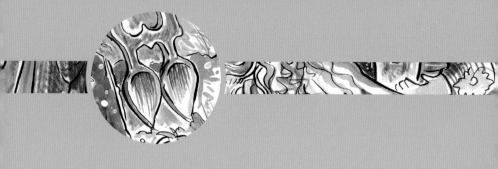

Priodas

(addasiad o anerchiad priodas llwyth yr Apache)

Boed i chwi egni newydd
Bob dydd yng ngwres yr haul,
A thyner olau'r lleuad
Liw nos i fwrw'r draul.
A golched cynnes cawod law
I ffwrdd eich gofid a phob braw.

Chwythed awelon ysgafn
I adnewyddu'ch nerth,
Ac na foed i chwi lithro
Lle byddo'r llwybrau'n serth.
Boed i chwi'n ysgafn droedio'r byd
Gan roi i'r ddaear barch o hyd.

Corwynt na thywydd garw
Eich taro mwy ni all
Tra boch yng nghwmni'ch gilydd
Yn gysgod naill i'r llall,
A phan fo'r llwydrew'n cwympo'r mes
Fe rydd y naill i'r llall ei wres.

Dwy galon, un dyhead,
Dwy dafod ond un iaith,
Dwy raff yn cydio'n ddolen,
Dau enaid ond un daith.
Fe fydd cwmnïaeth yn parhau,
Nid oes unigrwydd lle bo dau.

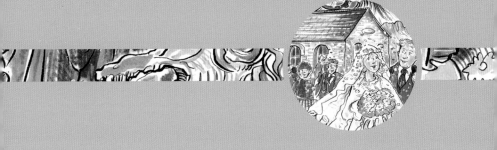

Rhagoch i'ch pabell bellach
I gadw'r tân ynghyn,
Y drws i bawb ar agor
A'r holl linynnau'n dynn.
Doed eich breuddwydion oll yn wir,
Boed fyr eich llid a'ch cof yn hir.

Dic Jones

Ar Ben-blwydd ein Priodas yn 1982

Hen fleiddiast gas o flwyddyn a fu hon
    a fynnodd gnoi llinyn
    hen ramant, ond mae'n rhwymyn
    ni ein dau yn dal yn dynn.

T. Arfon Williams

Dydd Santes Dwynwen

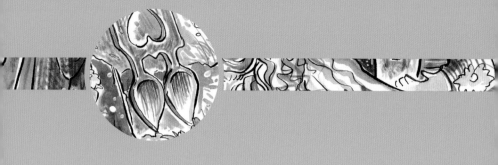

Ar Briodas Aur Alun a Berwen

Gwenu wnaeth eu gwanwyn hwy - a thyfu
    Wnaeth eu haf yn fwyfwy,
  Y mae aur yr hydref mwy
  Yn aeddfedrwydd y fodrwy.

Dic Jones

Priodas Ruddem
Stephen a Tegwen Tudor

Mae rhamant yr ymrwymiad – yn haeddu
    Troi'r rhuddem yn ddathliad
  I ddau a ŵyr y boddhad
  O'i gyrraedd yn ddau gariad.

Dafydd Wyn Jones

Ymddiheuriad i Santes Dwynwen

Dwi'n ymddiheuro, ydw ydw,
A hynny yn y llwch a'r lludw
Am dy alw'n ffasiwn gnawas
Heb hidio hedyn yn dy hanas.

Ddoe, chwedlonol dybiwn i
Oedd pob peth o'th gwmpas di,
Ond cefais wybod ganol pnawn
Dy fod o gig a gwaed go iawn.

Santes sanctaidd ferch y twyni
Wnei di geisio madda' i mi?
'Bûm edifar fil o weithia'
Am lefaru gormod geiria'.
Diolch i ti eilun addfwyn
Am ddod â ias yn ôl i Landdwyn .

Wil Sam

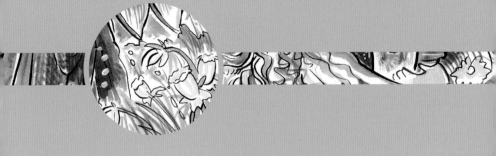

Deunaw oed

(i Christine Plester, Crafnant, Ysbyty Ifan)

Deunaw oed, ddaw ond un waith - i ni i gyd
    Er in gael oes hirfaith:
    Amser braf yn llawn afiaith,
    Amser gorau dyddiau'r daith.

Huw Selwyn Owen

Blodyn Pen-blwydd

Un bore oer yn llawn brain
Rhegais fy mhedwar-ugain,
Lleidr y corff, a holl dai'r cof
Fu unwaith yn dref ynof.

Ond â rhyw sgriffiadau rhwydd
Amlwg, roedd hogyn chwemlwydd
Wedi gwneud llun blodyn blêr
A hwnnw ar ei hanner.

Gyda 'mod yn ei godi
Yn nes at fy nghalon i
Darfu'r lleidr yn nhanbeidrwydd
Melyn y blodyn pen-blwydd.

Twm Morys

Pen-blwydd

34

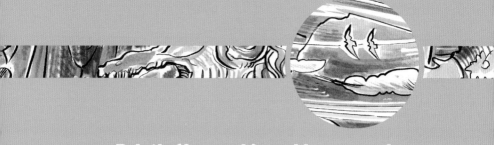

Delyth (fy merch) yn ddeunaw oed

Deunaw oed yn ei hyder, – deunaw oed
   Yn ei holl ysblander,
    Dy ddeunaw oed boed yn bêr,
    Yn baradwys ddibryder.

Deunaw – y marc dewinol, – dod i oed
    Y dyheu tragwyddol,
    Deunaw oed, y deniadol,
    Deunaw oed nad yw'n dod 'nôl.

Deunaw oed, – dyna adeg, – deunaw oed
    Ni wêl ond yr anrheg,
    Deunaw oed dy i'engoed teg,
    Deunaw oed yn ehedeg.

Echdoe'n faban ein hanwes, – ymhen dim
    Yn damaid o lances,
    Yna'r aeth y dyddiau'n rhes,
    Ddoe'n ddeunaw, heddiw'n ddynes.

Deunaw oed yw ein hedyn, – deunaw oed
    Gado nyth y 'deryn,
    Deunaw oed yn mynd yn hŷn,
    Deunaw oed yn iau wedyn.

Deunaw oed ein cariad ni, – deunaw oed
    Ein hir ddisgwyl wrthi,
    Deunaw oed yn dynodi
    Deunaw oed fy henoed i.

Dic Jones

Pen-blwydd

35

Pen-blwydd Lisa Llywelyn

Mae Lisa Llywelyn yn cael ei phenblwyddyn
A phlant Mrs Parry, a phlant Mrs Grey
Am gynnal y diwrnod yn ôl braint a defod,
Trwy fwyta cacennau a chyd-yfed te.

Cytgan:
Mae Lisa fach yn deirblwydd oed,
Yn deirblwydd oed, yn deirblwydd oed;
Sirioli mae'r tân,
Wrth glywed y gân;
A dawnsio mae'r gadair a'r stôl-dri-throed,
Oblegid bod Lisa fach yn deirblwydd oed.

Mae un am gael 'chwaneg o dost bara canrheg,
Gan gyrraedd amdano heb rodres na rhith;
Ond mae y mwyafrif, yn edrych o ddifrif,
Ar gwpan y siwgwr, a'r plât bara brith.

Mae pob un yn rhoddi rhyw anrheg i Lisa,
Rhyw wydryn neu gwpan, neu ddoli fach bren;
Ac Alis fach Owen, a'i hwyneb yn llawen
Yn dod â gwiniadur, a rîl ede wen.

Mae Ifan bach Parry, yn llawn o ddireidi,
Yn dyfod â phictiwr o'i waith ef ei hun;
Ond wrth iddo redeg ar frys efo'r anrheg
Ca'dd godwm anffodus a thorrodd y llun.

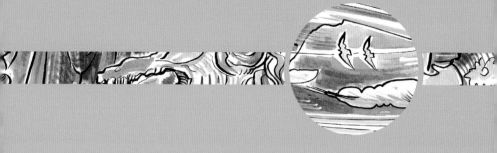

Mae'n dda gennyf ganfod y plant yn cael diwrnod,
I chwarae'n blith draphlith yn un a chytûn:
A chadw penblwyddyn Miss Lisa Llywelyn,
Er mwyn yr hen amser bûm blentyn fy hun.

Ceiriog

Cysur Henaint

Mae mewn ieuenctid dristwch, ac mewn oed
Ddiddanwch, fel ar haul yr haf y trig
Y bore-ddydd yn dywyll yn y coed,
A'r nawnddydd fel y nos o dan y brig;
Nes dyfod mis o'r misoedd pan fo'r gwynt
Yn cychwyn crinddail ar eu hediad oer,
A thrwy'r dinefoedd dywyll-leoedd gynt
Yn chwythu llewych haul a llewych lloer.
Ninnau, pan syrth ein grawnwin, a phan dynn
Dydd ein diddychwelyd haf hyd eitha 'i rawd,
Ni wyddom beth a fyddwn, onid hyn:
Mor druan nid yw Henaint nac mor dlawd
Nad erys yn ei gostrel beth o'r gwin
I hybu'r galon rhwng yr esgyrn crin.

R. Williams Parry

Mawrth, Ebrill ...

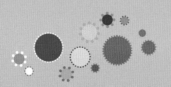

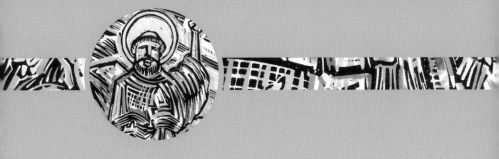

Pregeth olaf Dewi Sant

Rhyfedd o bregeth a bregethodd Dewi
Wedi'r offeren y Sul cyn calan Mawrth
I'r dorf a ddaethai ato i gwyno'i farw:
'Frodyr a chwiorydd, byddwch lawen,
Cedwch y ffydd, a gwnewch y pethau bychain
A welsoch ac a glywsoch gennyf i.
A cherddaf innau'r ffordd yr aeth ein tadau,
Yn iach i chwi,' ebe Dewi,
'A byth, bellach, nid ymwelwn ni.'
Felly mae'r bregeth gan ancr Llan Ddewi Frefi,
Sy'n llawnach na Lladin Rhygyfarch,
A hwyrach mai ar gof crefyddwyr gwledig
Fu'n crwydro glannau Teifi fel paderau'n
Llithro o un i un drwy fysedd y canrifoedd
Y caed y ffurf a droes yr ancr i'w femrwn.

Ni bu mor ymerodrol un ymachlud haul
Â gorymdeithio Dewi o senedd Frefi
I'w huno yn y wawr a'r glyn rhosynnau.
Wythnos i'r dydd, yn y gwasanaeth bore,
Cyhoeddwyd iddo ostegion ei ryddhad
Gan angel yn y côr; a chan angel
Taenwyd y gair drwy lannau Cymru a llannau
Iwerddon dirion. Bu cyrchu i Dŷ Ddewi,
Saint dwy ynys yn cynebryngu eu sant;
Llanwyd y ddinas gan ddagrau ac wylofain
A chwynfan, och na lwnc y ddaear ni,
Och na ddaw'r môr dros y tir, och na syrth
Y mynyddoedd cedyrn ar ein gwastad ni.
A chalan Mawrth
Daeth at yr eglwys wylofus yr eglwys fuddugol,
A'r haul, a naw radd nef, a cherddau a phersawr;
Aeth Dewi o syndod i syndod at ei Dduw.

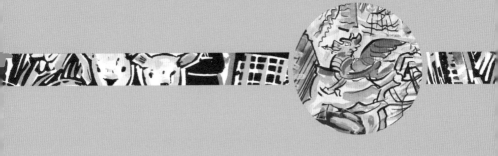

Felly y ceir yr hanes gan Rygyfarch
Yn awr ei drymder yn Llanbadarn Fawr,
Yn awr pryder canonwyr ac ing gwlad,
A hen ysgrifau Dewi yn ei gist
A'r cronigl hen a chreiriau'r ysgolheigion,
Gweddill mawredd a fu ac a fu annwyl,
Yn y clas gofidus, yn y gell atgofus.
Felly, ddwy ganrif wedyn, y mae'r stori
Gan y meudwy a'i copïai gerllaw'r bryn
Lle gynt y bu senedd Brefi a thraed y sant a'r wyrth.
Ond gwyrth nac angel nis caed ym mhregeth Dewi
Wedi'r offeren y Sul cyn calan Mawrth
I'r dorf a ddaethai yno i gwyno'i farw,
Na galw'r clas yn dyst i'r gogoniannau;
Eithr cymell y llwybrau isel, byddwch lawen
A chedwch y ffydd a gwnewch y pethau bychain
A welsoch ac a glywsoch gennyf i.

Bu'n ddychryn gan haneswyr reol Dewi,
A chwip Eifftaidd ei ddirwest a'r iau drom,
Gwledig y saint, gorwyr Cunedda a'r porffor.
Ond ei eiriau olaf, y bregeth nythodd yng nghof
Gweddïwyr glannau Teifi drwy ganrifoedd
Braw, drwy ryfel, dan guwch y cestyll fwlturaidd,
Drwy'r oesoedd y bu'r ceiliog rhedyn yn faich,
Geiriau morwynig ŷnt, tynerwch lleian,
'Ffordd fach' Teresa tua'r puro a'r uno,
A ffordd y groten dlawd a welodd Fair yn Lourdes.

Saunders Lewis

Pethau Bychain Dewi Sant

Pethau Bychain Dewi Sant:
Nid sŵn telyn ond sŵn tant;
Nid derw mawr ond adar mân;
Nid haul a lleuad ond gwreichion tân.

Pethau Bychain Dewi Sant:
Y ll'godan, nid yr eliffant;
Dafnau'r gwlith, nid dŵr y moroedd,
Ond yn y brigau, stŵr y moroedd.

Pethau Bychain Dewi Sant:
Hoel traed morgrug, bwrlwm nant,
A jinipedars yn y pant,
A'r darn bach o englyn a elwir y gwant,
A'r pellter sy rhwng dant a dant,
A rhwng pedwar ar bymtheg a phedwar ugain a chant,
A dail a sêr a phlu a phlant.

Yr unig strach
Oedd cael hyd i sach
I gadw'r holl Bethau Bach.

Twm Morys

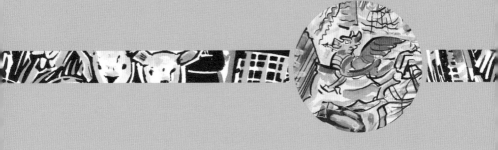

Gair at y Cymry

Chwi Gymry fy ngheraint
A fagodd freuddwydion o foeth ar laeth a bron Cymraes
Ac a gasglodd gof a chydwybod a holl euogrwydd llencyndod
A barn ar dda a drwg
O eirfa tad a mam a lleisiau capel neu lan
Gan nad oes Cymraeg heb y rheini,
Ystyriwch yn awr a bernwch,
Chwi Gymry Cymraeg:
Mae llywodraeth y deyrnas yn cyhoeddi eich diwedd
Ac na bydd Cymru Gymraeg;
Llofruddiaeth yw nod y llywodraeth
Ers chwe chanrif
A heddiw fe wêl ei bodloni.
Y lladd nas ceisiodd y Concwest,
Nas medrodd brad yr Uno,
Nas llwyddodd y mil blynyddoedd o dlodi
Di-urddas, di-ddysg, di-foes,
Heddiw mae pleser a masnach pleser a'i rhaib a'i thruth ym
                                    mhob cegin a pharlwr o'n gwlad,
Dan nawdd y llywodraeth,
Yn diffeithio ein teuluoedd a'u ffydd,
Yn cyflawni ein tranc.

Gweithred gormeswr yw trais, *summa iniuria*,
Priodoledd llywodraeth anghyfiawn,
'Gnawd wedi traha tranc hir' –
Oni ddaw sgytiad a her i genedl Cymru, a deffro sydyn,
A datgan i'r byd
Mai gwaed sydd i'w gwythiennau
Ac na bydd hi farw heb dystion
Pe na baent ond tri.

Saunders Lewis

Gŵyl Ddewi

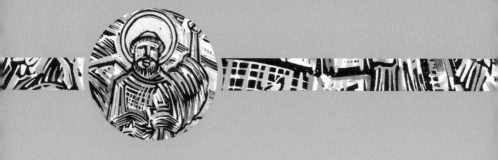

Gŵyl Ddewi

Deued ar Ddygwyl Dewi – alwad fawr
      I'n gwlad fach eleni:
      Neges i'n calonogi
      A throi'n nerth a her i ni.

Cawn heno ein cenhinen – a gwledda
      Mewn gloddest ac awen,
      Cawn ganu yn llu llawen
      A mawrhau ein Cymru hen.

Ond safwn, cofiwn y cur – sy'n aros
      I'n herio'n ddidostur;
      Mawr yw baich ein Cymru bur,
      A di-eli ei dolur:

Gwlad y trallod a'r tlodi – er amarch
      Ymrwymwn i'w chodi;
      Rhoddwn ein llafur iddi,
      A'n holl sêl er ei lles hi.

Tilsli

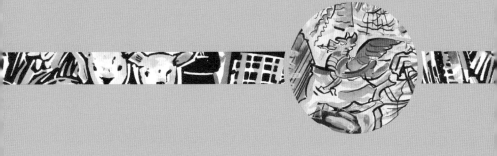

Os wyt Gymro

Os wyt Gymro hoff o'th wlad,
A hoff o'th dadau dewrion,
Cadw ŵyl er mwyn dy had –
Ni waeth beth ddywed estron, –
Gwisg genhinen yn dy gap,
A gwisg hi yn dy galon.

Os wyt Gymro hoff o'th iaith,
A hoff o'i bardd a'i phroffwyd;
Heddiw twng y filfed waith
I'w chadw fel ei cadwyd:
Boed yn amlaf ar dy fin,
Boed olaf ar dy aelwyd.

Os wyt Gymro hoff o'th Sant,
A hoff o'r cysegredig;
Cadw ŵyl, er mwyn dy blant,
I Ddewi, ŵyr Ceredig; –
Cas yw'r gŵr nas câr ei wlad,
Boed dlotyn neu bendefig.

Eifion Wyn

Gŵyl Ddewi

Wrth wneud crempog

Rwy'n dilyn gam a cham Miss Delia Smith
Drwy hidlo yn ofalus y blawd plaen.
Cofiaf ei chyngor, 'Na ddefnyddia byth
Flawd codi, os am rai ac arnynt raen'.
Dychmygaf mae rhyw granc o ddiacon
Sydd yn y bowlen wrth im ffusto'r ŵy
A minnau'n cnocio'n ddidrugaredd lon
Â fforch o fforc a hefo rhaw o lwy.
Y gampwaith orffenedig, o go drat,
Sy'n wrthodedig gan fy marus gi,
Fel lledr Sbaen, yn wir y maent mor fflat
Ag ambell bregeth ddaeth o'm stydi i,
A diolch wnes wrth fynd i'r bin i'w bwrw
Fod boi y drol yn dod ddydd Mercher lludw.

T. R. Jones

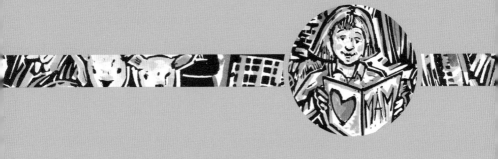

Sul y Mamau

Mam ydyw, mae'n haeddu medal – gennyf,
    Bu'n gweini yn ddyfal
    A rhoi drosof bob gofal
    Yn ddiwyd iawn, yn ddi-dâl.

Dafydd Wyn Jones

Mam

Ni chofiaf am grud ei breichiau
Gynnau'n fy siglo i,
Ac ni wn ychwaith am y beichiau
A grymodd ei 'sgwyddau hi.

Er ceisio ni fedrais â threchu
Ei chariad pan droais i'r byd,
A gwelais mai ofer oedd pechu
Roedd hi'n dal i faddau o hyd.

Ond deuthum o hyd i'r gyfrinach
A gadwodd trwy'i gyrfa flin,
Mae heddiw un arall o'r llinach
Yn fwndel bach ar fy nglin.

William Jones

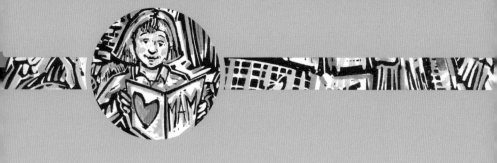

Sul y Mamau yn Greenham (1984)

Cerdd hir o allgaredd yw.
Bwrw eira a dynion glas a gwyrdd
brwydro yn erbyn y symbylau
a chwaeroliaeth yn chwarae â thân
yn creu anheddau
o brennau a blancedi

ac o'n blaen Y Ffens.

hon yw'r ffordd newydd:
y cynfyd a'r creu
a'n dwylo ar wifren
yn ei dyneru
chwarae tŷ bach
mewn cylch.

sgwrsio a chanu
creu a chrio
cadw tŷ di-do.

saffrwm yn codi,

cennin pedr o Gymru'n blodeuo
o dan draed
sgarmesoedd ganol nos:
eiddo'n sarn.

cychwyn eto fory.
mwy'n cyrraedd
codi calon.

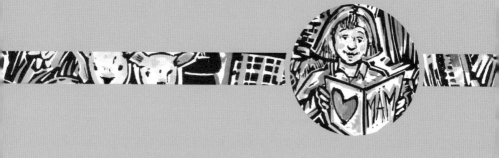

Cerdd a allai fynd ymlaen drwy'n bywyd ydi hon

a wnaeth neb mo'i sgwennu
perthyn i bawb 'wna
fel y comin
ar erchwyn y di-dangnef
yn Greenham.

Menna Elfyn

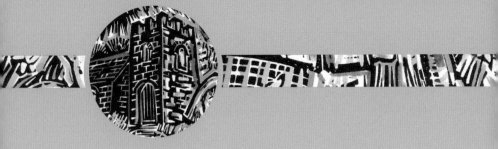

Glannau

(detholiad)

Roedd ein haelwyd yn ynys ddiddan
pan oedd hi o gwmpas ei phethau,
cyn i'r Erydwr mawr
gnewian y glannau
o filfedd i filfedd.

Aeth ei llestr i'r môr agored
toc wedi oed yr addewid;
daeth rhyngom gulfor
a ledai beunydd.
Roedd hi 'dan hwyliau aflonydd'
a'r estyll yn braenu,
yn cyniwair fel y *Marie Celeste*
dros yr ehangder mawr
ac weithiau braidd-gyffwrdd â glan.

Y pryf yn y rhuddin hen
a heli ei byw yn y briwiau.

Nhad ar ei wely olaf
yng nghrafangau'r cancr;
hithau'n ddiamgyffred
am y pared poenus,
hi a fu'n nyrs i bawb
yn gwylad pob ymadawiad du
yn ein teulu ni;   'Dai, ble ŷch-chi Dai?'
ei hangorion yn llacio eisioes
a'r glannau'n pellhau   'Ma' Dai wedi marw
ac yntau yn trafaelu angau.   (Nhad oedd Dai)

                                   Fi sy 'ma.'

                                   John Roderick Rees

50

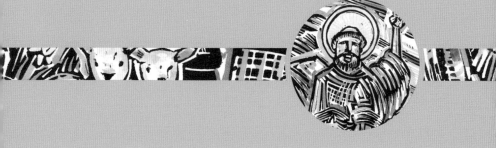

Mam

Wedi'r drin; wedi'r hacio; wedi'r hagru;
ar ôl yr hollti
mae perffeithrwydd
yn tasgu
o'ch marwolaeth.

Nid wyf fi heno yn teimlo unrhyw golli,
nac unrhyw wagio
ond yn fy ymennydd
mae prosesau yn eich cynnull at eich gilydd
yn ôl.

A chi ynof yn gwenu, yn heini, yn ddillad
ac yn fy neall
i'r dim
a'r dim yr aethoch iddo.

Fel yr oeddech yr ydych.

Aled Jones Williams

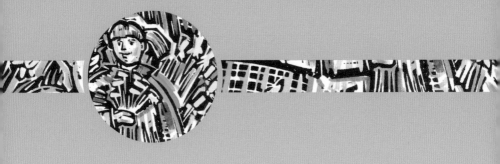

Sul y Blodau

Dyma un o'n hen ddefodau –
Y myned i daenu lliwiau
Dros rym gwelw, oer yr Angau
Ar y Sul sy'n Sul y Blodau.

Ond, ymhlith y beddau,
Wrth ddarllen yma enwau
Y rhai a 'hunodd', ni allwn ninnau amau
Nad yma 'bydd ein diwedd ninnau.

Ond, yma, gyda'r gwanwyn
Yn orfoleddus yn ei gennin,
A chyda'i egin addfwyn,
A'i adar yn bywiogi'r llwyni

Fe gyflëir yma inni
Fod mewn Bywyd ryw oleuni
Sy'n flynyddol yn dynodi
Fod grym odiaeth yn y Geni

Sydd cyn gryfed â thrueni
A llywodraeth lwyd y meini
Dymchweladwy a osodwn ni,
Yma, ar y rheini a fu yn annwyl inni.

Gwyn Thomas

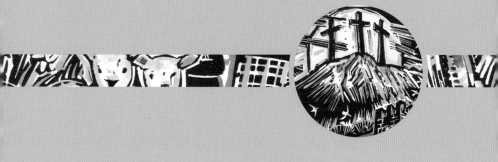

Nos Sadwrn y Pasg (1977)

'Your Easter Bingo.
Eyes down at seven thirty'
Ar dalcen festri Calfaria.

Eloi, Eloi lama sabachthani?
Y mae ein llygaid eisoes ar y ddaear.

Ddoe
Am dri o'r gloch y prynhawn
Gwallgofodd tyrfa pan faglwyd y blaenwr,
A phrotestiodd y penboethiaid yn erbyn y penalti.

Gêm front yw bywyd.

Yfory yn eglwys y plwyf
Fe fydd y rhoddion blynyddol ar y plât
Megis arian rhent am fywyd tragwyddol.
Cyhoeddwyd rihyrsal ym Methania;
'Gobeithio bydd hi'n ddigon ffein i gostiwm.'

Heno,
Cerddai dyn ifanc ar yr A487;
Yr oedd gofidiau'r canrifoedd yn ei lygaid.

Cododd ei law pan aeth mini llwythog yn wyllt heibio,
A gwelais ôl yr hoelen.

W. J. Gruffydd

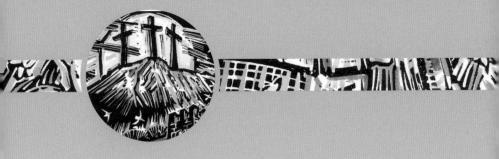

Pasg 2012
Funchal, Madeira

Yma, yn y gwanwyn tragwyddol,
gwytnach fu'r Sul Catholig
na sabothau Cymru
er holl rwysg duliw ein Protestaniaeth falch.
A minnau'n alltud 'mhlith twristiaid yn tindroi
ar goll heb siop.

Y litwrgi'n sleifio o'r cysegr yng nghornel y sgwâr
i hofran fel pryfetach yn y tes,
yn gwahodd ac yn gwrthod yr un pryd,
gan ddathlu artaith delw Duw ar groes
a llafarganu gwacter bedd di-brae.
A dyma fi'n troi'n ddifeddwl bendant rhag newyddion ddoe
wrth ddeffro'r dref i'w swyddogaeth swfeniraidd,
i'r parthau lle mae'r we yn torri'r Sul
a gwneud yn ffars pob ffin.
A meiddio, heb warant maddau,
dilyn fy ffordd fy hun
mewn hiraeth am wanwyn arall.

Siôn Aled

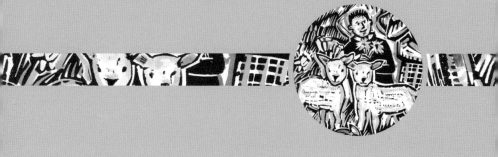

Cân y Gwanwyn

(detholiad)

Aml yw cadair amlwg goedydd,
Aml yw colofn ddofn o ddefnydd,
   Aml gwlwm mawl golau;
Lle aml osteg llawn melystant.
Aml eddigan mawl a ddygant
   Y deiliaid y dolau.
Pob aderyn yn ei lais,
   Pob pren â'i bais yn laswerdd,
Pob llysiewyn yn ei rin,
   Pob edn â'i fin yn bencerdd.
     Nid clwyfus
     Ond nwyfus,
       Rhyw bynciadau nefol;
     Nid trwblus
     Ond treblus,
       Fenws biau'r faenol.

Edmwnd Prys

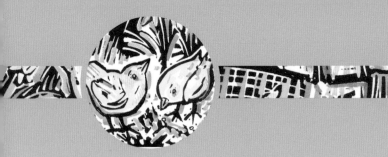

I Gyfarch Ceri Wyn

Mae i wanwyn ddau wyneb,
awyr las a daear wleb.
Yn nhrothwy Mawrth mae o hyd
yn y dafol rhwng deufyd.

Trengi a geni'n un gwynt
ydyw awel Deheuwynt,
a'r oen trig ar y brigyn
yn dirwyn gwaed i'r drain gwyn.

Ceri Wyn yw cri'r oenig
sy'n syrthio i gadno'n gig,
a hiraeth hesben wirion
a'i hofer fref ar y fron.

Ceri Wyn yw'r buchod crwm
fan draw yn eirlaw'r hirlwm,
a galargerdd anner ddu
wrth y wal yn erthylu.

Ef ydwy'r gwynt sy'n deifio
yr egin ŷd â'i oer gno,
a'r sied wair lle bu ystôr
yn wag o unrhyw ogor.

Ceri Wyn yw cywreiniwr
y llun du yn y llyn dŵr,
ac ofnau'n hendeidiau ni
yn ei laid yn gwaelodi.

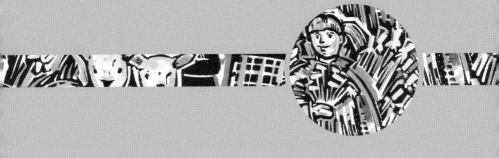

Ond ef a leisiodd hefyd
gainc ein hysgrydion i gyd,
gan roi'n ei gân holl groen gŵydd
hagrwch eu godidogrwydd –
llifogydd a'u hirddydd hwy
ar fuarthau'r rhyferthwy,
neu fore raser yr iâ
a mawredd y storm eira,
neu berffaith bigau'r eithin
a'r brain cras ar ryw bren crin.

Mae i wanwyn ddau wyneb
a'u didol ni all neb.
Ein tragwyddol waddol ŷnt,
yn dod fel tynged ydynt.

Eu haul fyth a welaf fi,
canu'r cur yw camp Ceri.

Dic Jones

Cannwyll yn olau

Y Gwanwyn ddaeth i Gymru
Mor brydlon ag erioed,
Cyn i'r gaeaf wybod
Roedd briallu dan y coed.
Y Gwanwyn ddaeth â'i weddi,
Un daer ar ran y byd,
Bloeddiwch i gyd am heddwch
Unwn nawr mewn pryd.

Y Gwanwyn ddaeth i Gymru
Yn dyner fel erioed,
Fel mamau Comin Greenham
Cadwynau dan y coed,
A'r Gwanwyn ddaeth â'i weddi,
Un daer ar ran y byd,
Bloeddiwch i gyd am heddwch
Unwn nawr mewn pryd.

Y Gwanwyn ddaeth i Gymru
Yn dawel ar ei hynt;
Lleisiau yn atseinio
Baneri yn y gwynt,
A'r Gwanwyn ddaeth â'i weddi,
Un daer ar ran y byd,
Bloeddiwch i gyd am heddwch
Unwn nawr mewn pryd.

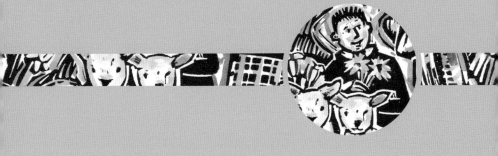

Cytgan:
Cannwyll sydd yn olau
Fflamau sydd ynghyn
Famau Cymru, daliwn
Ein dwylo'n erbyn hyn
Rhag chwalu ein cartrefi
A'n plant a'n câr i gyd
Daliwn ddwylo'n gilydd
A'u dal dros heddwch byd,
A'u dal dros heddwch byd.

Eirlys Parri

Gwanwyn ym Mhantglas

Dychymyg hed mewn eiliad
Drwy ddrysa sy ynghaead
Yn rhydd ar hyd y meysydd fyrdd –
Mae'r gwanwyn gwyrdd ar gerddad.

Ar *Farian Llwyd* ers oria
Mae 'meddwl i'n rhodianna,
Os rhoddi goel, ar ben y *Foel*
Y bûm i er y bora.

Mi wn fod haul y topia
I lawr wrth *Dai Cynhaea*,
Erlidiodd ôl y bysedd iâ
Ger muria *Beudy Ucha*.

Maes Du sy'n ymystwyrian,
A brân sy'n uchel grawcian
Wrth droi ei phig, 'rhen giarpan ddig
O *Dynymur* i'r dwyra'n.

Mae'r helyg yn eu bloda
Ar gyrion y *Buartha*;
At dderwen lom daw dafad drom
Yn fyr ei cham, i wyna.

I'r *Allt* daeth cynnwrf briga
A'r wiwar i wneud campa
Ac i *Dan'coed* i gadw'r oed
Daeth llyffaint i'r ffynhonna.

Coed Mawr fe ddarfu'n crino –
Daeth Llygad Ebrill eto,
O, na chawn awr wrth *Gamdda Fawr*
I wylio'r cyll yn deilio.

Ffridd Ddu sy'n felyn eithin,
A'r drain ger *Adwy Derfyn*
Dry'n wyn eu lliw fel glöyn byw
Ehedodd o *Barc Stalwyn*.

Mae cynnwrf wrth y *Gorlan*
A brefu mawr ym mhobman;
'Rôl didol yr holl barau'n ddoeth
Mae'r cŵn yn poeth lymeitian.

Y brwyn dan draed sy'n sisial,
Caed heddwch ym *Mryn Dial*,
Fe roddwyd oen mewn benthyg-groen
I sugno'n egwan, ddyfal.

Mae'r gaea wedi cefnu
A'r blewyn glas yn tyfu . . .
Daeth hirath yma fel rhyw bla –
Mi ddo i adra fory.

Nesta Wyn Jones

Cyntaf, Olaf

Daeth y fuches ddu
Allan ar ffrwst o'r beudy
Gan ffroeni'r gwanwyn.
Cychwyn yn eiddgar,
Prancio ar draws dolydd Ebrill
Yn ddigyfeiriad.

Nes i un hen fuwch gofio'r ffordd . . .
Ar draws Maes Du
Gwelodd hon flewyn glas Cwm Isa
A throediodd yn sidêt ar ei sodlau uchel
Yr holl ffordd draw
Heibio Taicynhaeaf
Ac yna trodd, a'i thrwyn wrth y blaenbost,
I ffroeni ei diolch i blygion dy gôt
Cyn mynd heibio iti.
Dilynodd y lleill yn fwstwr di-drefn, iau.

Tithau'n wael . . .
Ond mynnaist ddod gyda ni
Er mwyn cael gweld.
Rhoi trefn, fel arfer,
Ar y dydd cyntaf hwn.
Safet
Gan herio'r cysgod wrth dy sawdl
Yn eu gwylio'n mynd heibio –
Hen gyfeillion duon, dof.

A chaewyd y giât.

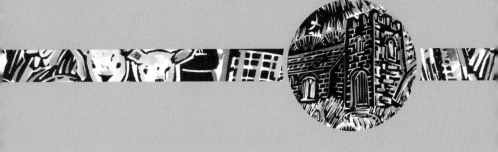

Doist â ni, uchelwr,
Yn falch o fewn dy gerbyd
Adre
I fwyta cinio Sul
Ac i ail-fyw'r gollwng yn ein sgwrs ddigyffro.

Aeth y fuches
Allan
I ddolydd Ebrill
Ac ar derfyn dydd, ni ddychwelant mwy.

Rhaid fu i tithau
Yr un dydd
Droi'n ôl
I gôl y gaeaf tragwyddol
A'n gadael.

Diwrnod olaf dy gwmni
Yma ar y ddaear lonydd, las.
Nos da, Tada.

Nesta Wyn Jones

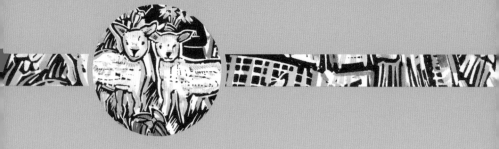

wyna, Tynewydd

ymweliad â Fferm Tynewydd, ym mlaenau Cwm Rhondda, tua 1963

Anghofiais am bob prancio,
am goesau cam, am fwythau bach
a boch ar feddalwch cnu
wrth syllu i dywyllwch llwm y sied.
Roedd min ym mrath y gwynt
o'r Garn Bica, a blas gwaed
mamog arall ar weflau'r mis bach.

Cefais weld ei gwaddol, gwylio
gwisgo'r bychan mewn cot estron
a'i roi i'w rwto'i hun ar famaeth
anfoddog. Minnau'n deall dim
ond cryndod ei gri – a'm gwddwg
innau'n dynn, er diogelwch y clos,
yng nghlyw'r llafar anghyfarwydd.

Ac yn nieithrwch croeso'u cegin
dros swper na allwn ei stumogi,
a'r sgwrs yn tincial rhwng y llestri
mewn seiniau na fedrwn eu dal,
synhwyrais, wrth fentro fy 'nos da' dila,
fy mod innau'n amddifad
ym mlaenau fy nghwm fy hun.

Christine James

Gwanwyn

'Wele daeth y dydd: wele efe yn dyfod:
y boregwaith a aeth allan: blodeuodd y wialen,
blagurodd balchder.'

Mae hen ymyrryd ym môn miaren
Yn gwthio'i wewyr trwy bob gwythïen;
Hiraeth haf sy'n ei chroth hen yn artaith,
Eithr gwyryf eilwaith yw'r griafolen.

Mae hiraeth geni ym mherth y gwanwyn
Mae ei wewyr llosg ym mwyar y llwyn,
Ei wefr yn cribo'r llafrwyn ac anaf
Hen awydd yr haf ar fynydd yr ŵyn.

Mae hardd addewid ym mhridd y ddaear
A hyder bron sydd yn mwydo'r braeanar;
O chwyrn lonyddwch ei hâr ac o'i llwch
Y rhoddwyd i'n llwch freuddwydion llachar.

Daeth yr awel wedi'r dieithr wywo
A'n hanial genedl sy'n ail egino
Fel daear ar flodeuo, oblegid
Rhwydd y daw rhyddid i'n rhai a'i haeddo.

Gerallt Lloyd Owen

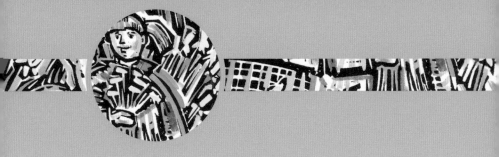

'Mestyn dydd

Bu ar yr egin a'r brigau farrug,
    Ond 'fory dwyn blodau
    Wna draenen wen, ysgafnhau
    Gwayw ddoe ein gweddiau.

Gareth Neigwl

Gwanwyn

'Mi wellaf pan ddaw'r gwanwyn:
Bu'r gaeaf 'ma'n un mor hir.
A oes 'na argoel eto
Fod gwennol yn y tir?
Mae hi'n anodd mendio dim fel hyn
A phen yr Wyddfa i gyd yn wyn.

'Mi ddo' i at y gwanwyn
A chodi cyn daw'r gog.
Mi ddo' i pan gynhesith
Yr awel ar y glog.
Mae hi'n anodd mendio dim fel hyn
A phen yr Wyddfa i gyd yn wyn.

'Mi godaf at y gwanwyn:
A welaist ti oen ar fryn?
On' fydd hi'n braf cael stelcian
Am dipyn wrth y llyn?
Mae hi'n anodd mendio dim fel hyn
A phen yr Wyddfa i gyd yn wyn.'

Ni ddaeth rhyfeddod gwanwyn
Â gwrid yn ôl i'w wedd:
Ond pnawn o Ebrill tyner
A'n dug ni at ei fedd.
A chanai'r gog yng Nghoed y Ffridd
Pan glywn i'r arch yn crafu'r pridd.

T. Rowland Hughes

Y Gwanwyn

67

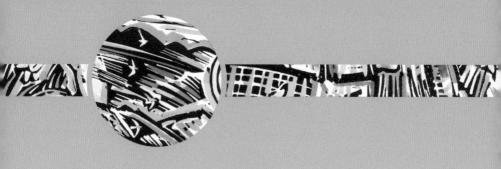

Pinc

Coed Ceirios

Blymonj y blodau
yn woblo
ar wahoddiad y gwanwyn.
Arogl tew
a phinc
wedi blaguro'n llyfn.

Gwagedd y gaeaf
fu yn mowldio'i ffurf.
Sugno egni,
yna gollwng
yn drwch slepiog

a chryndod melys
o liw.

Wedi'r parti
fydd dim ond
lympiau brau
o betalau'n
glynu ar gyrion
platiau blêr y palmentydd

ac ar gorneli ceg
y gwynt.

Einir Jones

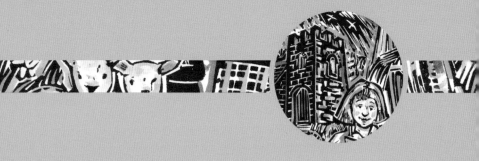

Gwanwyn 1967

Mae mawl yn llafar heddiw
yn y tir sych.

Ar femrwn y canghennau
fe dyf cwpledi'r blagur
yn gywydd dail;
ac o sillafau'r egin egnïol
ymwthia'r geiriau glas,
gan wau eu hunain eto'n glymau
o englynion gwyrdd
sy'n glod i gyd.
Fry,
yn rhwyllwaith rhwyfus y newyddfrig brau
ymffurfia blodau yn doddeidiau del
sy'n pefrio mawl.

Ger awdlau'r coed
mae pryddest glòs y perthi'n gloywi'r tir,
a mydr moliant yn crisialu'r twf
o fôn i frig.
Ar glawdd
fe ddelir delwedd yn y drain
a chloir llu o gymariaethau gwyn
yn llyfn linellau'r dail.
Mae troad trosiad yn y tyfiant twym,
a rhythmau'r gerdd
yn gryndod yn y brigau clyd.

Mae mawl yn llafar heddiw
yn y tir,
a chân yn cyniwair yn Ebrill,
cân sy cyn hyned â chof.

Bryn Martin Davies

Llygad y Dydd yn Ebrill

Doe gwelais lygad y dydd
fel drych harddwych y wawrddydd;
echdoe dibris y troediwn,
a doe gweld. Däed y gwn
egni nwyd gwanwyn a'i aidd
yn creu ei swllt crisialltaidd,
angerdd celfyddyd gweungors,
rhuddem a gem yn y gors.
Y cae lle y canai cog
Ebrill aeth yn Llwybr Llaethog;
troes y ffurfafen benben,
miliynau heuliau y nen
yn is sawdl a osodwyd
i euro lawnt daear lwyd;
Orïon ar y bronnydd,
Arctwros a Seirios sydd,
gleiniau tân gloynnod Duw,
yn êr effro seraffryw
ar las wybren ysblennydd.
Doe gwelais lygad y dydd.

Saunders Lewis

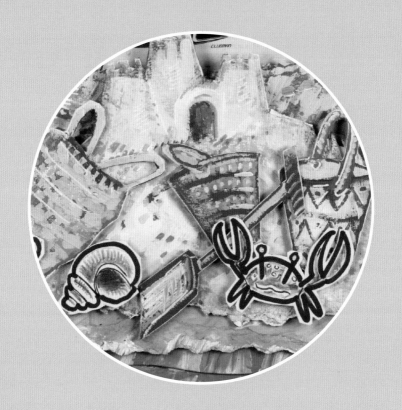

Mai, Mehefin, Gorffennaf, Awst …

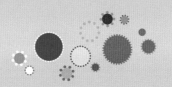

Marwnad Merch

(detholiad)

Os marw hon yn Is Conwy
Ni ddyly Mai ddeilio mwy.
Gwywon yw'r bedw a'r gwiail,
Ac weithian ni ddygan' ddail.

Os marw fis Mai y forwyn,
Och Fair fyw farw y ferch fwyn;
Och annyn na chawn ninnau
Yn yr un dydd farw ein dau.
Ni fynnwn yn hwy f'einioes
Gan na châi amgenach oes.
Och un awr na chawn orwedd
Gyda bun dan gaead bedd.
Adyn ar ei hôl ydwyf,
Uwchben gwen ych bannog wyf.
Marw a wnaeth, yn fy marn i,
Yr haul wen a'r haelioni.
Anwych wyf oni chyfyd
O farw bun yn fyw i'r byd.

Dafydd Nanmor

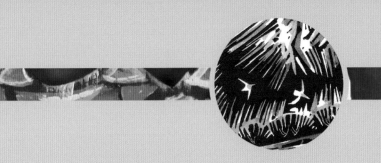

Ymddiddan â Dafydd Nanmor

A oes cân yn Is-Conwy
ym mis y gwenoliaid mwy?
A oes dail fel rhai 'stalwm
i droi y canghennau'n drwm?
Oes paill? Oes blodau meillion?
Oes clawdd hardd ers claddu hon?

     Oes, a sôn am flagur swil
     drwy'r fro'n egino'n gynnil.

O farw hon, pam bod y fro
yn dewis ail-flodeuo?

     Am mai'r rhaid ym marw hon
     yw rhaid yr holl gariadon
     o Wynedd hyd derfynau
     pella'r ddaear bob yn ddau
     sy'n meddwi'n eu cyfrinach,
     sy'n byw am gusanau bach;
     er eu mwyn y pery Mai
     i ddeilio, er na ddylai.

Emyr Lewis

Mis Mai

Hen fuwch y borfa uchel – heb aerwy
 A bawr heddiw'n dawel;
 A dail Mai fel diliau mêl
 Wedi rhoswellt y rhesel.

Ieuan Jones

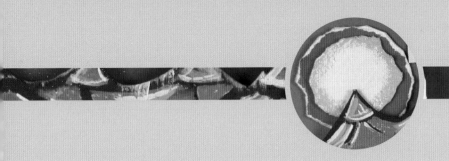

Melyn

Ein melyn ni, melyn iach
melyn Mai welwn mwyach
hyd waliau yn Nhudweiliog
a Thregarth lle nythai'r gog.
Tri gair hyd ffyrdd Tregaron
a Deudraeth a Malltraeth Môn,
yn dweud bod tiroedd i'w dal,
acenion prin i'w cynnal.

Os bu cŵyn, os bu cynnen
hyd lôn hir a'r dadlau'n hen
melynach oedd Mai 'leni,
melyn iach ein melyn ni,

Mei Mac

Croesawu Eisteddfod yr Urdd

Cyn bod sôn am Eifionydd
Dôi haul dros y Garn bob dydd,
Roedd Mai yn wallgofrwydd mwyn,
Roedd gwin ym mhridd y gwanwyn,
Roedd adar mân yn canu'n
Y lliaws dail cyn llais dyn.
Canai Dwyfor cyn dyfod
Y beirdd, a chyn i feirdd fod
Roedd Llŷn, achos hŷn yw hi
Na'r cerrig yn Nhre'r Ceiri,
A hŷn na'r delyn yw'r don
A dyrr yn Aberdaron.
A'r un hen Lŷn eleni
Â'i chorn sy'n eich galw chi:
Dewch i Lŷn, heidiwch i le
Sy'n hen fel sennau hanes,
A rhwygo'ch holl ddreigiau chi
Yn ddraig sy'n cynddeiriogi . . .
Mor gas y buom ar goedd
Yn addo ers blynyddoedd
Y daw adeg y dwedwn
'Digon!' wrth Saeson a'u sŵn.
Dewch chi, blant, i godi'ch bloedd
Â rhyfyg y canrifoedd,
I beri i Sais Abersoch
Gau'i ddwrn a gweiddi arnoch,
A daw'r wên nad yw ar werth
I wynebau Penyberth.

Twm Morys

Penblwydd Hapus, Steddfod yr Urdd, 2009

Dyw Steddfod yr Urdd ddim yn wyth deg oed;
fydd 'na ddim tynnu staes cyn canu cerdd dant
na defnyddio pulpud yn y dawnsio disgo chwaith.

Dyw Steddfod yr Urdd ddim yn wyth deg oed;
fydd dim olwynion ar gadair y bardd,
dim angen ffon i gyrraedd y llwyfan,
na dannedd gosod yn hedfan
ar ganol y gân actol.

Dyw Steddfod yr Urdd ddim yn wyth deg oed;
er bod hi'n fwy na'r Olympics,
yn brofiad o'r iaith i bawb o'n tir
waeth beth yw iaith eu cynefin,
yn cyrraedd cyrrau eithaf ein gwlad,
o Droed y Shane i Ben y Duffy,
gan roi miloedd o enwau eraill ar ein map.

Dyw Steddfod yr Urdd ddim yn wyth deg oed;
mae'n fythol wyrdd (a choch a gwyn)
yn cofleidio'r newydd bob tro,
gan feiddio ailddyfeisio'i hun
(heb neb i esbonio
sut mae setio'r fideo)

Dyw Steddfod yr Urdd ddim yn wyth deg oed;
dyw Steddfod yr Urdd ddim yn wyth deg oed;
mae'n dal yn ifanc o hyd.

Ifor ap Glyn

Eisteddfod yr Urdd

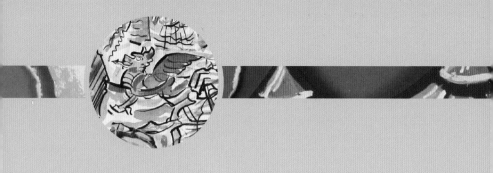

Tywydd Steddfod yr Urdd

Mi ddaeth y gwynt o'r dwyrain i glecian yr adlenni
A finnau'n carafanio – roedd eisiau chwilio 'mhen i.

Mi ddaeth cymylau duon, tywallt eu pistyll prudd
Nes cyrlio pob un cornel o gloriau Rhaglen y Dydd.

Mi ddaeth y niwl o'r môr i orwedd dros y tir
Ac nid oedd to'r pafiliwn bryd hynny i'w weld yn glir.

Mi ddaeth pob tywydd Steddfod, ond daeth y dyrfa hefyd
I ddilyn haul y plant a Mai yn gry'n yr ysbryd:

Y gobaith lond eu sgyrsiau pan fyddai'n bwrw'n iawn:
'Waeth befo am ryw gawod – mi godith at y pnawn.'

Yr hindda yn eu hwyliau yn drech na'r tywydd, mwn
Gan ganmol hyrddiau brochus – 'Gwynt sychu ydi hwn.'

'Di'r ddrycin a'i diflastod ddim ond yn para sbel,
'Dan ni'n bobol sbectol haul o dan yr ymbarel.

Hynny fu ein hanes ar feysydd gŵyl a chad:
Mae gwawr a gwanwyn newydd yn fythol yn ein gwlad.

Myrddin ap Dafydd

Arholiadau

I beth y mae hon yn llafurio yma
    Ar Ramadeg Hanesyddol,
    Mathemateg Gymhwysol,
    Efrydiau Beiblaidd,
    Neu Astudiaethau Celtaidd
    (trwy gyfieithiad)
    A hithau'n pelydru o oleuni ieuenctid?

A, wel, gwybod y mae hi
Fod darfod wedi ei raglennu
I wneuthuriad dynion,
Ac y daw amser i'w hysbeilio hi
O'i hegni a'i goleuni.

A'r pryd hynny beth fydd ganddi –
Ar wahân i'w hatgofion
Am ei goleuni a'i hegni –
Ond yr hyn a ddaeth iddi o lafurio yma
    Ar Ramadeg Hanesyddol
    Mathemateg Gymhwysol,
    Astudiaethau Beiblaidd,
    Neu, Duw a'i gwaredo,
    Astudiaethau Celtaidd
    (trwy gyfieithiad)?

Gwyn Thomas

Gwenllian

Ym mrigau'r helyg
mae hwian hwiangerdd,
a thincial bysedd yr ewyn
yn plethu alaw
ar gregyn gwynion
dy Aber di.

Ymysg yr heli
mae dagrau'n cronni,
a'r cerrig crynion bach
yn glwstwr tlws
ar draeth,
fel geiriau cyntaf
plentyn bach –
dy eiriau di.

Yma y gollyngaist hwy
pan gefaist dy ddwyn –
blentyn yr heulwen –
a'th roi mewn cell,
a gyda threiglad
y blynyddoedd
aeth y cerrig crynion bach
yn angof gennyt.

Ond heddiw
gosodais hwy
yn batrwm ar draeth,
a thoc daw bysedd
yr ewyn heibio i'w deffro,
a chlywir eto
ryw sibrwd ar yr awel,
dy enw di –
Gwenllian.

Haf Llewelyn

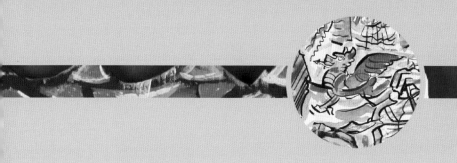

Gwenllian

O grud Eryri wedi cwymp y sêr,
fe ddygwyd gobaith Gwynedd yn ei phais,
a chan fod celloedd rhyddid yn ei mêr,
ei chloi fel lleian lwyd yng ngwlad y Sais.
Bu'n drylwyr, ein concwerwr – lladd y tad
a chladdu'r ferch cyn dechrau'i bywyd hi,
a cheisio sgwrio llechen cof ein gwlad
i ddifa enw'n tywysoges ni.
Saith canrif wedyn, deuwn yma 'nghyd
at faen sy'n nodi man dy gladdu'n fyw
i dystio i anfadwaith gerbron byd
a dwyn dy ofnau dyflwydd gerbron Duw.
Gwae ddoe a leddfir 'nawr, mae'r cylch yn llawn;
nac wyla, 'mechan; mae pob dim yn iawn.

Grahame Davies

Cwsg

Pan fyddaf yma fy hun,
Mae fy nhad am funudyn
Eto'n dŵad i'w gader
Fel bu i gysgu, a gwêr
Ei gatied hoff yn rhedeg
Am sbel i gornel ei geg
Wrth ryddhau blinderau'r dydd
Yn ddiatal, ddiwetydd.

Mae 'nhad a'i getyn, mi 'wn i,
Yn awr wedi hen oeri;
Ond o'i waith, rhywfodd, daw o
At y tân eto heno.

Rhys Dafis

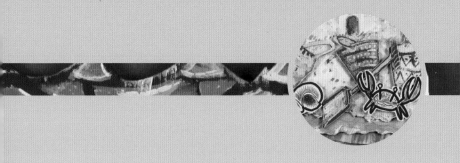

Y Dwylo

Bum wrthi heddiw'r pnawn
Yn prysur chwynnu,
Â'm dwylo yn y pridd
Yn tynnu, tynnu,

A chofiais am fy nhad
Ym mhridd Meirionnydd,
A'i ddwylo diwyd ef
Mor llonydd, llonydd.

Gwilym Rhys Roberts

Ar ddechrau tymor newydd

(I Rhiannon, Morfa Nefyn)

Nid tymor yr ail-angori
mo'r ha' ym Morfa i mi . . .

yn dwp haerllug fel grugieir,
dod a wna'r cychod a'r ceir
yn rhaff hir o du draw'r ffin,
yn barêd lawr Lôn Bridin.

Onid nhw sy'n gwneud ein haf?
Ein ffenics, bob Gorffennaf?
Ai gwegian pan y gwagia
a wnawn? Yr ateb yw: 'na!'

Daw gaeaf. Ond nid gwywo
yn brudd wna bywyd ein bro;
cyfnod pan atgyfodwn
yw'r gaea' ym Morfa, m'wn!

Nid tymor yr ail-angori
mo'r ha' ym Morfa i mi . . .

Er yn llwm, bwrlwm ein byd
wna haf o'n gaeaf hefyd.

Ifor ap Glyn

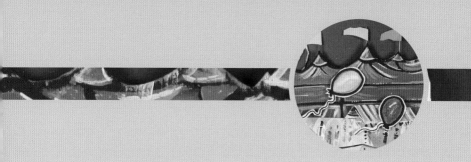

Y Sioe Fawr
(2002)

Wedi llanast y llynedd, – ym mro'r siom
    Mae'r Sioe ar ei gorsedd,
  A lliw yr haul o'r diwedd
  Yn heigio'r wlad i gae'r wledd.

Anifeiliaid yn heidiau, – a'r rheiny
    Â graen ar eu cefnau'n
  Y ffair hon, a pheiriannau'n
  Glwstwr ym mhob cwr o'r cae.

A maint y dyrfa heintus – a'i hymwâu
    Hyd y maes hyderus
  Yn adfer llonder y llys
  Eto o'r lludw trallodus.

Er gwaethaf holl frygawthan – dienaid
    Rhyw wladweinwyr truan,
  Y mae hanes hwsmona'n
  Llawn siom – a milwrio mla'n.

Dic Jones

Cywydd Croeso
Eisteddfod Genedlaethol Eryri 2005

Mae gwledd o groeso heddiw
ond croeso dan amod yw:
croeso bro sy'n mynd am bris,
croeso dan forthwyl creisis.
Wrth yr awr syrth Eryri,
wrth yr awr y'i gwerthir hi.

Ofer yw cynnal prifwyl,
ofer dal i gynnal gŵyl
o gerdd a chyngerdd a chân
tra'r llif yn bwyta'r llwyfan.
Ofer yw rhygnu hefyd
am hil sydd yma o hyd.

Nid un Awst yw ein hystyr,
nid yw bod am ddathliad byr
yn Gymru, Cymru i'r carn,
namyn tafod mewn tafarn.
Byw brwydr bob awr ydyw
brwydr fawr ein bryd i fyw.

Rhaid i ŵyl ysbrydoli
a thynhau'n gwarchodaeth ni
wrth rwymau'r oesau a aeth
yn Eryri'n harwriaeth.
Hyn yw her ein hamser ni,
hyn yw'r her yn Eryri.

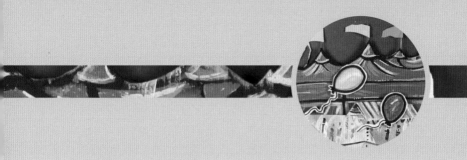

Mae gwledd o groeso heddiw
ond croeso dan amod yw
amod ein bod, bedwar ban,
yn rhwystro llifio'r llwyfan.
Da chi dewch, ac wedi'ch dod
Ewch ymaith dan eich amod.

Gerallt Lloyd Owen

Y Bar Guinness

I'r werddon hon i'n bywhau – ddiwedd dydd
Y down, a blas hafau
Hirfelyn hen brifwyliau'n
Iro'n sgwrs wrth i'r nos gau.

Huw Meirion Edwards

Maes Carafanau'r Eisteddfod Genedlaethol

(O leiaf o brofiad yn y gorffennol.)

Dim ond ar faes carafanau'r Genedlaethol
Y gwelech chwi fardd cadeiriol
Yn troedio'n fwtjasog trwy'r gwlith yn blygeiniol
(Megis cath fisi eithriadol)
Gan gludo yn garcus fyseddol
(Fel petai o'n ddefnydd ffrwydrol)
Fwcedaid anhraethol o
                        gachu.
Ac fe gewch amrywiaeth o feirniaid yno –
O'r awdl hyd at unawd gontralto –
Yn gorfod dwys ystyrio
Pa fodd mae cael lle i biso
Gan fod y doiledaidd wal-ddyfrio
Yn gorfoleddus orlifo.

Yn amlach na heb mae'r drafodaeth
Yn troi at rinweddau carthffosiaeth
Effeithiol na rhagoriaethau barddoniaeth,
Dyfnion bethau diwinyddiaeth
Neu swynion mwyn cerddoriaeth.

Mae sôn am ddiffyg pwysau
Ffrydlif dŵr trwy bibellau
Ac ystyried yr hyd annymunol o amser
A gymer tanciau'r geudái hyd eu gofer
Yn rheitiach materion i'w hystyried
Na melyster concerto neu braffter y soned.

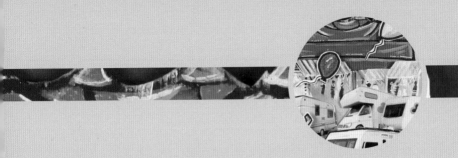

Man ydi maes carafanau'r Genedlaethol
I ddyn ddod eto'n ymwybodol
O ormes y rheidiau corfforol
A gweld mor hawdd i braffter diwylliannol
Yw troi yn gwbwl ansylweddol
Dan ddiffygion technoleg blymyddol.

Gwyn Thomas

Maes yr Eisteddfod

Anwel yw ar fapiau'r wlad,
Ein halaw yw'r lleoliad.
Nid y cae ond y cywydd
Yn y bôn yw'r man y bydd,
Rhyw weirglodd a adroddir,
Rhyw hen dant, nid darn o dir.

Ein greddf yw cynnal 'Steddfod
Ar hen barc sy'n rhan o'n bod,
Nid mewn tref na phentrefi,
Ond yn nwfn ein henaid ni,
Un llain o Awst sy'n llawn haf
Yn y galon ddirgelaf.

Pan â'n maes yn dipyn mwy
Yn ei led na'r gweladwy,
Doniau'n doe yw lled ein dôl,
A'i hyd yw ein dyfodol;
Ein rhuddin yw ei ffiniau,
Daear y cof ydyw'r cae.

Idris Reynolds

Rheol Gymraeg yr Eisteddfod

Yn Awst, fe daerwn drosti â rhyfyg
    Ein Prifwyl; ym Medi'n
Fuan iawn anghofiwn hi
A'i hiaith wirion, a'i thorri.

Emyr Davies

Y Babell Lên

Ar daith bywyd, symudol ydym oll
ond y mae'n arhosol
le yn Awst i'n galw'n ôl
i lenydda'n flynyddol.

Tudur Dylan Jones

Yr Eisteddfod Genedlaethol

Iolo

(Eisteddfod Bro Ogwr, Awst 1998)

Fo yw'r gân ym Morgannwg,
a'r gwin sydd yn herio gwg
y geiriau yn y garreg,
a'r dôn, a'r ffrwd ara' deg,
y wên rhwng y llythrennau,
y wisg, a'r ferch sy'n ei gwau,
y mapiau'n gwlwm hapus,
llawysgrifau, llyfrau, llys,
y teledu, y tlodi,
y nos yn fy nghalon i,
y carcharor croch, chwerw,
y wraig deg a'r gwdihŵ,
y daith i'r cwm diwethaf,
a hen ddail ar ddiwedd haf,
yr orsedd a'r gyfeddach
rhwng y beirdd, a'r angau bach;

fo 'di haul y gofod hwn,
Iolo yw'r oll a welwn.

Iwan Llwyd

Glas

Pan oedd Sadyrnau'n las,
a môr yn Abertawe'n rhowlio chwerthin
ar y traeth,
roedd cychod a chestyll a chloc o flodau
yn llanw'r diwrnod;
a gyda lwc,
ymdeithiem yn y pensil coch o drên
a farciai hanner cylch ei drac
rownd rhimyn glas y bae
i bwynt y Mwmbwls.

Eisteddem ar y tywod twym
yn yfed y glesni,
ein llygaid newynog yn syllu'n awchus
ar fwrdd y môr,
Dilynem ddartiau gwyn y gwylain aflonydd
yn trywanu targed y creigiau,
a sbiem yn syn
ar y llongau banana melyn o'r Gorllewin
a sglefriai'n ara dros y gwydr glas,
a gorffwys dan y craeniau tal
a grafai'r wybren glir
uwchben Glandŵr.

Rhain oedd Sadyrnau'r syndod,
y dyddiau glas,
a ninnau'n ffoaduriaid undydd, brwd,
yn blasu'n rhyddid byr
o ddyffryn du
        totalitariaeth glo.

Bryan Martin Davies

Traeth Harlech

Haf 1970

Roedd mam gyda ni,
mor wydn ac mor llonydd
â darn o lo carreg ei chynefin,
ar draeth Harlech.

Eisteddai'n dawel
o dan haul anghyfarwydd y Gogledd,
ei llygaid yn unig yn symud yn feirniadol
dros y darn hwn o Ardudwy,
gan sgwrio meini'r castell
                    o'r gwybed-ymwelwyr.
a brwsio'r
            bagiau crisps a'r poteli papur,
            y caniau cwrw a hen frechdanau
oddi ar y tywod anniben.

                    * * *

            Ni wyddai hi,
                    mwy na'r gwylanod aflonydd,
am stori'r ferch o'r fro hon
a orweddodd,
                    wedi helynt,
ar lan yr afon Alaw,
                    yn Nhalebolion,
                    mewn bedd petryal;

ond gwyddai,
          yn well na'r gwylanod,
am bedair cainc y boen
a grafwyd mewn rhyddiaith foel
        ar femrwn ei byw,
           sef,
   geni,
      priodi,
        cenhedlu,
          a marw.

Bryan Martin Davies

Rhosyn yn Awst

Ymagor yn ei freuder
ym mhoethder Awst y mae:
nid oes un mefl i'w harddwch,
nid oes i'w degwch staen;
agor yn wawr synhwyrus
a'i lendid oll o'n blaen.

Cochni fel caeau echnos
dan fachlud hwyrnos haf,
a lliw fel gwaedliw'r lleuad
yn sglein yr hafnos glaf
a fedd yn Awst, yn ystod
byrhoedledd dyddiau braf.

Â'i harddwch ni chyffyrddwn
rhag ofn i'n bysedd crin
faeddu ei holl ryfeddod,
rhag ofn, yn nhrymdra'r hin,
i lygaid ei halogi,
i drem andwyo'i rin.

Anhygyrch yw ei degwch,
harddwch anghyrraedd yw:
os awn, gan geisio ennyd
lân uwch baweidd-dra'n byw,
yn agos at y rhosyn,
eisoes mae'n rhosyn gwyw.

Er ffrwydro drwy'r synhwyrau,
yr ias nid yw'n parhau;
â'r rhosyn, wedi'r cyffro,
yn gwywo a llesgáu,
try mwynder Awst yn dristwch
uwch ei brydferthwch brau.

Yng nghanol llwydni bywyd
mae ambell ennyd awr
o weld, o glai'n marwoldeb,
degwch uwch llwch y llawr,
fel gweld rhyfeddod blodyn
y rhosyn gyda'r wawr.

Alan Llwyd

Cân

Pnawn o Awst a llyn mewn mynydd
tithau a minnau a'r plant
yn yr hesg heb sgidiau;
o'n cwmpas – y tes yn plygu'r bryn a'r brwyn
a dawns aflonydd-lonydd gwas y neidr.

Llyn fy mhlentyndod
a llyn di-waelod 'nôl cred y fro
ei ddiwaelodrwydd du yn her
a'i sipian yn yr hesg
yn ias,
ers talwm.

Heddiw i'n plant o swbwrbia'r ddinas
dim ond llyn crwn, gwyn
heb ddyfnder na hunllef na gwefr
ond gwefr un gwas y neidr
a gwybed yn cracio'r gwydr.

Mynd yn ôl i'r car
ac o lwybr y mynydd i'r briffordd chwim
ond am yr ychydig eiliadau hynny
nid oedd arnom eisiau dim.

Gwyn Erfyl

Mwy o'r Haf

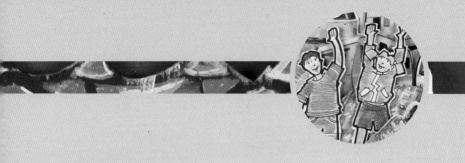

Daeth Unwaith Ha' . . .

Daeth yr ha' i'r Cwm,
hen ddewin ar ddawns
a'i fantell o sidan emrallt
yn gollwng o'i godre
ddarnau o les,
yma ac acw
i drimio'r cloddiau.

Ac o'r Foel,
dilynai hen ŵr
lwybr y ffrwd wen
a'i gwylio'n
llithro'n ddafnau dryslyd
i lawr y llethrau.
Eu gwlân
yn drwm o friglach mynydd,
cyn cyrraedd
yn fôr swnllyd
i gae Tan-lan,
i dwrw'r peiriannau a'r pitsh,
y chwysu a'r chwerthin,
y rhannu a'r rhegi.
Ac yna'r waedd gyfarwydd,
yn ei brat yng ngolau'r drws –
'Cinio hogia.'
A'r peiriannau'n tewi.

Ond fel llafn
llithrodd cysgod arall
rhyngddo ef a'r golau.
'Lunch,'
meddai hon yn ei hofyrôl.
Ac yng nghlep y drws
hwnnw,
gwyddai fod dewin yr ha'
eisoes
wedi casglu
godre'i fantell emrallt ato,
ac na chlywai wedyn
ddim ond cri ddryslyd
un ddafad unig,
yn atsain
ar y creigiau.

Haf Llewelyn

Y Safbwynt Athronyddol Terfynol

Dwy gôt ar lawr – dau bostyn gôl;
Y bar rhyngddynt yn ddychmygol;
Yna dechrau chwarae ffwtbol.

Pa ryfedd, felly, ei bod hi
Ar brydiau'n troi yn ddigon ciami,
Yn ddadlau egr rhyngddyn Nhw a Ni.

Diau nad ydyw gêm o ffwtbol
Fachgennaidd yn achlysur tra thebygol
I Efrydiau Athronyddol,

Ond felly, dragwyddol, yr oedd hi
A'r dadlau yn dra thaer a difri
Am Rith ac am Realiti.

Gôl go-iawn ynteu dychmygol,
Solat ynteu ansylweddol –
Dyna oedd y pwnc sylfaenol.

Dodid gerbron y ddadl, 'Dros postyn,'
Yn groch a phositifaidd gyndyn;
Ergo, dim gôl wedyn.

'Too high,' oedd yr empeiraidd gyfraniad
Cyson a geid gan bob gôl-geidwad
I ateb pob gôl-sgoriol honiad.

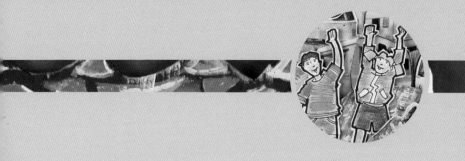

Un ffordd, yn ddiamheuaeth,
Oedd o setlo pwnc fel hwn o Athroniaeth,
Sef i un godi'r bêl â hawl Perchnogaeth

A dywedyd, 'Rydw i
Yn mynd â'r bêl 'ma efo fi
Os nad 'di honna'n gôl i Ni.'

Gwyn Thomas

Cywion gwenoliaid

Gŵyl Pen Draw'r Byd, 2005

Miri'r cywion uwch y môr a'r caeau
a glas y don yn fforch eu cynffonnau
yn wyn eu byd, a'u byd yn wibiadau.

Haul olaf yr haf ar wyneb afon
a ffrwd o dwrw dros bontydd Daron:
y cywion newydd yn llawn caneuon
ac awr eu gŵyl eto'n gyrru'r galon.

Mae 'na newid tymor ar y gorwel,
rhyw dueddu mynd y mae'r dyddiau mêl:
on'd ydyn nhw'n wych ar adain uchel?

Mae gwasgar yn agos, mae'n cyfnosi,
ond er i'r hwyl droi yn llwyd i'r heli,
mae awel gynnes yn llawes y lli
a chyn ymadael â chywion Medi
mae ffurfafen i'w llenwi – pelydryn
i'w gofio yn wyn drwy'n gaeafau ni.

Myrddin ap Dafydd

Medi, Hydref, Tachwedd ...

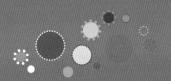

Ar ôl gadael Meilyr
yn crio ar fy ôl yn yr ysgol

O maddau im, fy machgen,
am ymryddhau o'th law,
dianc trwy ddrws agored
heb giledrych ar ddagrau braw
na'r wyneb hiraethus ar ddechrau dydd
sy'n clymu'r meddwl, troi a throsi'm ffydd.

Cans gwn yn iawn, f'anwylyd,
na phery'r cwlwm tynn,
byddi dithau yn mynnu'th yfory
ac 'am fynd' o'th obennydd gwyn,
a'm hwyneb i bryd hynny fydd
yn llawn gan ddagrau cymysg, rhydd.

Menna Elfyn

Medi

104

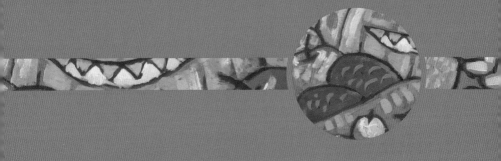

Oerfel Medi

*(Ar achlysur carcharu Meurig Llwyd ac Euros Owen
gan Lys y Goron, Caerfyrddin, am eu rhan yn yr ymgyrch i
Gymreigio'r Brifysgol, Medi 1981)*

Pa fodd y dihangodd haf
cyn i awel cynhaeaf
hudo'i ddail na hyd ei ddydd
â'i weniaith i'w ddihenydd?
Mudodd o'i lys ym Medi –
daeth i'r dref ein Hydref ni.

Yn y dref, caed 'sblander iaith
gyfrwys, ddi-wên y gyfraith
o enwau doeth dyn yn dal
hawl Duw i selio dial,
a gyhoeddai'n osgeiddig
uwch rhai mud ei ddedfryd ddig;
euro'r gwawr â geiriau gwâr,
a'i lach dan hugan lachar;
iaith gwmpasog, daeog, dêr
yn dwrdio ffwlbri dewrder
rhai'n hy i roi Cymru'n ôl
i'n hesgus o Brifysgol.

Ninnau'n giwed doredig
yn troi draw yn ddistaw ddig;
troi heb yr ystrydebau
eofn, hawdd, i gyfiawnhau
rhai sy'n honni noddi'n hiaith,
er hynny'n troi ar unwaith
i ddanfon glewion di-glod
i garchar am ei gwarchod.

Yno trwm fu troi ymaith
â'r cenlli fel llenni llaith,
duo'r haul hyd awr hwyrhau
a rhwygo'r dail o'r brigau:
Medi pan ddaethom ydoedd,
wrth fynd adref, Hydref oedd.

Siôn Aled

Medi

Uchel yw pren y bydoedd
A Medi ydyw'r mis
Y plyg yr haul mawr aeddfed
Ei ystwyth gainc yn is.

A than ei thrymlwyth hithau
Mae cainc o'r pren sy'n hŷn
Yn gŵyro trwy'r llonyddwch
I lawr at galon dyn.

A rhwng tymhorau daear
Ymrithia amgen wedd.
Ynghanol oesol ryfel
Mihangel y mae hedd.

Waldo

Mis Medi

Mis y cnau, mis cynhaeaf, – mis gwair rhos,
    Mis y grawn melynaf,
    Mis gwiw cyn gormes gaeaf,
    Mis liw'r aur, mis ola'r haf.

                                       Tilsli

Mis Medi

Ger cloddiau lle bu blodau'n bla, – wylad
    eu dadfeilio ara'
    wna rhai, gan farwnadu'r ha':
    mae eraill yn mwyara.

                                      Emyr Lewis

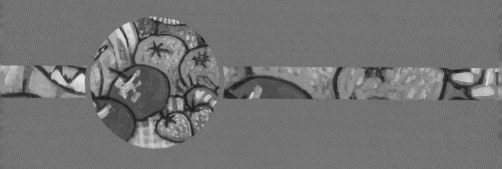

Mwyara

Ymweld â natur oeddem ni,
bob diwedd haf;
a'r haul traserchog wedi
crasu'r cnwd
yn ddu-goch-las;
ninnau mor anniwall
ar hynt y trysorau suddog,
a'u cael yn celu'n saff ansicr
tu ôl i ddrain dialgar;
miri'r canfod yn ein mêr
wrth eu dethol a'u gwrthod
(dim lle i'r sur anaeddfed);
eu dymchwel i'r pair dadeni,
nad oedd modd ei lenwi;
colli ambell un wrth
ysgwyd llaw â natur
a sigo ambell berth,
â cherydd y ffon.

Hyn oedd ein nefoedd ni
ar antur bras-feysydd,
cyn igam-lusgo adre,
a gadael y caeau llonydd
â basnau llawn
o haelioni natur;
dychwel i'r gegin lafurus,
a'r hwyl yn dal ar ein min.

Menna Elfyn

Dwyn Afalau

Gwyn eu byd y rhai
sydd yn dwyn afalau:
cadarn yw eu dannedd
ac ystwyth eu cymalau.

Yn oriau mân y bore
drwy wlith y perllannau llaith
yn sleifo am y gore
wrth eu hyfrytaf gwaith.

Llechant ymysg canghennau
esmwyth, â bachau gwyn
eu breichiau am wddf y prennau,
a'u gafael yn dyner dynn.

Anwesant y ffrwythau megis
cariadon, ac yna'n chwim
ddatod y cwlwm bregus
â'r brigyn, gan adael dim.

Ai dyma beth yw rhyddid
cydwybod heb hualau?
Bendigaid ydyw'r rhai
sydd yn dwyn afalau.

Emyr Lewis

Medi

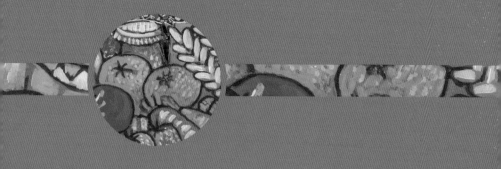

Ha' Bach Mihangel

A'r gaeaf bron â gafael
ynom i gyd, mae i'w gael
heibio'r haf rhyw felyn brau
yn hydref o belydrau.

Cyffroad un eiliad yw
ac oed byrhoedlog ydyw
pan fo lliw'n dod i'w ddiwedd
a'r byw yn wynebu'r bedd.

Yn yr hwyr cael darn o'r haf
yn haul ein cyfle olaf
wrth ddod i wybod na all
yfory roi haf arall.

Tudur Dylan Jones

Ha' Bach Mihangel

I fyny'r dyffryn fe'i gwelais yn dod
Mor debyg i'r haf ag y gallai fod,

Gan ddiog hamddenu'n yr haul ar y rhiw,
A'r tes yn chwarae ar ei wisgoedd lliw.

Guto yn llewys ei grys ar y das
A'r gwyddau'n rhodianna'n y soflydd cras.

Ni ddaeth i feddwl neb yn y byd
Fod dim ond hawddgarwch dan ei gochl clyd,

Nes clywed y cynydd â'i dalihô
Yn galw ei fyddinoedd i goed y fro.

Alun Cilie

Owain Glyndŵr

(I ddathlu chwe chanmlwyddiant y gwrthryfel cyntaf)

Wyt rym gwerin yn erbyn brenhinoedd,
yn gân i ryfel, ac yn ganrifoedd,
yn gefn, yn darian, yn gyfandiroedd,
yn llif yr afon, yn lleiafrifoedd,
yn llais yn yr holl lysoedd hafau'n ôl,
wyt wawr arhosol tu hwnt i'r oesoedd.

Am fod gwrthryfel, ac am fod gelyn,
mae taith ar waith, ac mae tân yn Rhuthun
yn dod i ysgwyd, a'r Llwyd yn disgyn,
y byw diarbed â'r byd i'w erbyn,
ac i lawr mae niwl y Glyn drosto'n cau,
mae heno'n ddechrau, a mamau'n ddychryn.

Mae, ym mharadwys, er marw'r 'Hedydd,
un gân i'w rhannu, ac un arweinydd.
Cyfyd ei Bennal uwchlaw'r dialydd
yn gân o glod, ac i uno gwledydd,
mae'n gweld o draw mewn gwlad rydd faen ar faen,
a 'fory o'i flaen yn fur aflonydd.

Ond y mae man nad yma mohono,
un beddfaen cadarn heb enw arno,
y tir a'i cyfyd at wawr y cofio,
y cof a'i hiraeth sy'n ein cyfeirio
tua'r lle nad yw heno yn gorwedd,
yn nwfn y bedd na fyn wyneb iddo.

Yn nydd y llid, hwn oedd llyw
ein rhyddid, cei rai heddiw
yma'n gweld nad cledd mewn gwain,
na diwedd ydyw Owain.
Cof dy hil ydyw'r milwr,
dy galon di yw Glyndŵr.
Er i'r myrdd uchelwyr mân
rwygo'n draig a'n Darogan,
yn ddŵr iach trwy'r oesoedd, rhed
Sycharth i dorri syched.
Fel haul bywyd, cyfyd co'
am y gwâr, am mai gwawrio
yn barhaus wna'r bore'i hun,
gwawrio draw dros Gaer Drewyn.

Ac yno'n dawel mae llais Pwllmelyn
yn dod i wylo, a'r nos yn dilyn.
Lle daeth canmoliaeth, mae cân am elyn,
am Fai o frad, ac am fore wedyn.
Ond yn yr haf oeraf un fe erys
y dôn hiraethus am dân yn Rhuthun.

Tudur Dylan Jones

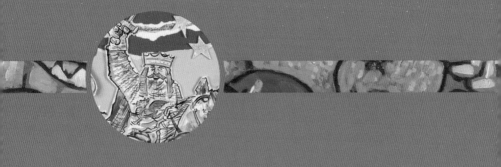

Owain Glyndŵr

I ddifancoll y ciliodd Owain,
Yn ôl tystiolaeth y brut,
A thrueni nad ychwanegodd hefyd
Ym mha le a pha sut:
Ai yn Monnington Straddel gydag Alis
Y cafodd ar y diwedd do?
Ai wrth y Capel gerllaw y gorwedd
Yn heddwch Seisnig y gro?
Ond fe gododd ymhen pedair canrif
I gychwyn ei frwydr drachefn.

Ei blasty di-glo, diglicied
A losgwyd yn lludw gwyn;
Parlyswyd y clomennod yn y maendwr
A chrynodd y pysgod yn y llyn:
Cymerwyd yr orau o'r gwragedd
I Lundain, a dau o'i blant,
Ac yntau fel Grivas yn cael ei hela
Gan y gormeswyr o fryn i bant:
Ond fe gododd ymhen pedair canrif
I gychwyn ei frwydr drachefn.

Mynnai gael Eglwys y Cymry
Yn rhydd o afael Caer-gaint;
Codi dau Goleg i'r ysgolheigion
A chael Esgobion Cymraeg i'r saint:
A theyrnasodd am dro fel brenin,
Yn null y tywysogion gynt;
Ond y pedwar llew a orchfygwyd
A'r sêr, y glaw a'r gwynt:
Ond fe gododd ymhen pedair canrif
I gychwyn ei frwydr drachefn.

Sefydliad erbyn hyn yw ei Senedd
I gynnal cyfarfodydd y dref,
A rhoddwyd bordydd chwarae biliards
A chaffe hefyd ynddo ef:
A chlywyd yn ddiweddar am y ffrwgwd
Rhwng y Cymry eang a chul,
A ddylid agor y caffe
Ar brynhawn dydd Sul?
Ond fe gyfyd ymhen y canrifoedd
I agor ei Senedd drachefn.

Gwenallt

Mawl yr hedydd

Mi a glywais fod yr hedydd
Wedi marw ar y mynydd
Ac mi ochneidiai gŵr y geiria
Na fydd mwy o wŷr ag arfa
Pan gyrchwn gorff yr hedydd adra.

Erbyn hyn mae'r haf hirfelyn
Wedi troi i'r niwl ers meityn
A phrin yw'r un sydd ar adenydd
Yn herio'r dydd, waeth be fo'r tywydd,
A chodi'i gân uwch ben y gweunydd.

Mi a glywais rai yn sibrwd
Fod y nyth yn awr yn siwrwd,
Bod y bwncath ar y bannau
A bod holl dywyllwch angau
Yn ei lygaid a'i grafangau.

Mae 'na lygaid ar Bumlumon,
Mae 'na hela 'Nghoed Glyn Cynon,
Does 'na'm deryn rhydd ym Mawddwy,
Yr un carw yn Nanconwy,
Na'r un eog yng Nglyndyfrdwy.

Ond mi glywais air bach tawel,
Dim mwy na sgwrs y grug a'r awel,
Oedd yn deud, fel deud telyneg,
Heb un sill ohoni'n Saesneg,
Fod yr hedydd eto'n hedeg.

Myrddin ap Dafydd

Talu Gwrogaeth

Ni ddof gan ddwyn cleddyfau
na gwayw-ffyn i'w goffáu
dan falchder chwil baneri,
tarianau dreigiau di-ri,
gan ddilyn twrw mintai'n
garnau meirch ac utgyrn main.

Ni ddof gan honni cofio'n
ddi-dor am ei freuddwyd o
bob un dydd dwi'n byw. On'd aeth
ei gleddyf a'i arglwyddiaeth,
yn arafwch canrifoedd,
yn inc blêr, yn eco bloedd?

Ond, y chwe chanfed Medi,
a 'mhlant wrth fy ymyl i
â'u gwên yn Gymraeg i gyd,
y dof; a siawns, daw hefyd
eto, rywdro, un o'r rhain
â chywydd bach i Owain.

Emyr Lewis

Cynhaeaf 1956

Safant yn rhes o byramidiau praff
Yn dystion i ddiwydrwydd doe ar rwn,
A thoreth trigain acer yno'n saff
Yn fôn ar frig yng nghôl eu crefftwaith crwn.
Pryfoclyd iawn fu'r medi ar ei hyd,
Treth ar amynedd Shaci Tyddyn-llwyn;
Troi rhwng cawodydd i sopynno'r ŷd
A'i gywain adre fel pe bai'n ei ddwyn.
Ond os nad yw eleni'n grinsian gras,
Na'r ydlan fel y'i gwelwyd hyd y fil,
Nid oes ar faes ond ambell ysgub las
Ar ôl yn wledd i'r brain a'r petris swil:
A dydd yr ŵyl, os bu'n gynhaeaf gwael,
'Roedd diolchgarwch Shaci'r un mor hael.

Alun Cilie

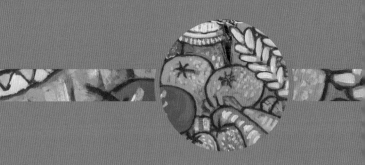

Diolch

(Gweddi Cwrdd Diolchgarwch)

Ein Tad, mi drown atat Ti
Heddiw, ynghrwm mewn gweddi.
Diolch am bridd ein daear,
Erwau'r cwm a'r caeau âr,
Am bob trysor tymhorol,
Am y glaw a ddaw â'r ddôl
Yn irlas wedi'r hirlwm,
A bywhau ein lleiniau llwm.
Rhoest, O! Dad, yn rhad o'r hin
A rydd i'r grawn ei ruddin.
Rwyt noddfa 'nghur ein hangen
Yn y maes o hyd. Amen.

Emyr Jones

Ar Ŵyl Diolchgarwch

Am gynhaeaf y llafur – a daliad
    Y medelwr prysur,
    Am ramant y porthiant pur
I reidiau pob creadur:

        Rhoddwn ni i Ti, ein Tad.
        Heddiw ŵyl o addoliad.

Am fwthyn ac am Fethel, – am eiriau,
    Am orig fach dawel,
    Am wenau câr, am win cêl
Y nos i galon isel:

        Rhoddwn ni i Ti, ein Tad,
        Heddiw helaeth addoliad.

Am degwch byw cymdogol – a thawel
    Gynorthwyo brawdol,
    A mwynder rhai'n mynd ar ôl
Hunllef dioddef dyddiol:

        Rhoddwn ni i Ti, ein Tad,
        Heddiw wylaidd addoliad.

Diolchgarwch

Am gyfaill, am a gofia – y di-log
  A'r di-lwydd eu gyrfa,
Pryderon cymdogion da,
Newyn y di-gynhaea':

    Rhoddwn ni i Ti, ein Tad,
    Heddiw elw'n haddoliad.

Am gytgan brwd i'w ganu, – am luniau,
  Am lennyrch i'w cyrchu,
Awr o gellwair, a gallu
Anghofio'n helyntion lu:

    Rhoddwn ni i Ti, ein Tad
    Heddiw hwyliog addoliad.

Uwch diddanwch dy ddoniau – dyro in'
  Dy ras, Iôr ein Tadau;
Rhag dibrisio'r Rhodd orau
Rho help i edifarhau:

    A faddeui Di, O Dad,
    Eiddilwch ein haddoliad?

R. Ithel Williams

Hydref ym Mhenllyn

(detholiad)

Yn neri crin
　　yr hydref,
　　　　fel tafarnwr croch,
　　　　gwaeddodd y gwynt ar y gweddill
　　　　o fywyr y dafarn
　　　　i ado'n ddi-oed
　　　　y seler win islaw'r allt,
　　　　lle'r oedd lliw rhudd
　　　　seidr pruddfelys hydref.

A hwythau weithion
　　yn feddw fawr
　　　　ar y seidr sy waedrudd
　　　　ei loyw-wrid a'i liw,
　　　　　　　　　　　wele'r dail oll
　　　　fel meddwon chwil
　　　　　　　yn ymlid ei gilydd,
　　　　y naill un ar ôl y llall,
　　　　yn baglu,
　　　　cyn llyfu'r llwch,
　　　　yn drwsgl ar draws
　　　　ei gilydd yn frwysg.

Cans wedi gwledda yn fras
ar waedrudd win yr hydref,
yn rhwyllwaith y troellant,
yn llathr y llithrant,
ac isod
            yn eu meddwdod mwy
tyrrant yn y gwteri.

A'r goedwig oll fel bragdy gwag.

Alan Llwyd

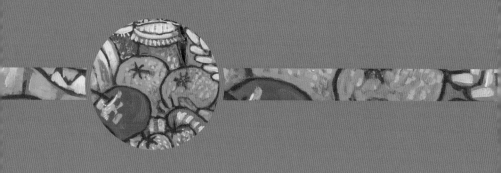

Oren

Croesawem yr hydrefau yn ein dyffryn.
Deuent fel ffeiriau Gŵyl Barnas
i lanw'n dyddiau â'u lliw.
Roedd eu gwyntoedd
fel organau swnfawr yn y coed
yn chwythu eu nodau gwyllt
o'r Rhosfa i'r Ynys,
a'u trydan
yn goleuo lampau oren y dail
ar wifrau'r brigau
yng Nghwm Gwaith.

Yr hydrefau hyn
a gwrsodd y düwch diwydiannol
o'n meddyliau.
Dilynasom eu cyfarth cyffrous
fel helwyr llawen,
gan wylio'r ysbeiliwr du fel pe'n dianc
dros drumau'r tomennydd
rhag y bytheiaid oren
a lamai fel fflamau
o'r llwyni byw.

Ond ofer ein gobaith,
cans wedi elwch ffair,
oni ddaeth yr oriau mudan
mor sicr eu gafael â'r gaeaf
i rewi'r cyfan wedi'r ffwlbri;
ac yn y nos,
oni sleifiodd y düwch surbwch –
yn baradocsaidd fel eira Rhagfyr –
dros rynnau'r tir
            yn ôl i'w stad?

Bryan Martin Davies

Hydref

Ar hwyrddydd wrth droi'r hyrddod,
Di-os gwelaf hydre'n dod;
Aros heb ddim i'w bori
Wrth y giât mae 'ngwartheg i;
Sŵn hydref sy'n eu brefu,
Storïau i'w seiniau sy'.

Yr ŵyn yn cerdded y gwrych,
Anodd atal eu chwennych;
Rhoi tamaid cynta'r tymor
O'r sied wair, dechrau'r ystôr.
Hisian ryw hen ofn oesol
A gwae, sy'n llechu'n ei gôl.

Dewi Wyn

Calan gaeaf

Ffaldiraldi, ffaldiraldo,
Mae rhywun yn gwylio drwy dwll y clo.
Mae'r noson yn dywyll a'r lleuad yn llawn
Tybed pwy sy 'na? Ti'n gwbod yn iawn.

Bwydwch y tân, mae hi'n noson mor oer,
Cysgodion yn dawnsio o gwmpas y lloer,
Cymyle yn casglu a gyrru tua'r de,
Mae ysbryd y fall yn trigo'n y lle.

Ffaldiraldi, ffaldiraldo,
Mae rhywbeth yn crafu ar lechen y to.
Caewch y llenni – mae rhywbeth tu fas –
Mi glywaf ddrygioni, mi deimlaf ei ias.

Mae ysbryd anfadwaith yn frith yn y fan,
A sŵn ysgelerder 'da stlumod y llan,
Mae'r diafol yn brysur, mae'n ddeuddeg o'r gloch,
Mae'i weision yn galw a'u lleisie yn groch.

Ffaldiraldi, ffaldiraldi,
Mae ysbryd y llan yn pasio drwy'r tŷ.
Mae anadl gwrachod yn oeri y fro
Ac yn y goeden, mae bwci bô.

Mae tarth ar yr afon yn ddu fel y frân,
mae'r gwenith yn pydru, mae'r goedwig ar dân,
Ellyllon yn clochdar, mae sgrech yn y ffos,
Tyrfe a llyched yn torri drwy'r nos.

Ffaldiraldi, ffaldiraldo –
Calan Gaea'.

Dewi Pws

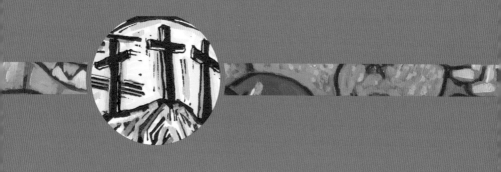

Y Pethau Diwethaf

(Gwraig ifanc a ddioddefai o gancr ac a gipiwyd,
yn y diwedd, o ganol ei phethau i ysbyty i farw.)

Ar yr arddwrn yr oriawr
Yn oer yn tician, tician
Fel pe na bai tragwyddoldeb.

Y cancr a fu, fel brân ddu
Ynddi yn ysglyfaethu,
Yn pigo ei heinioes ohoni.

Yn y tŷ mewn tun
Y mae teisen, yn gyfan
Ond am un sleisen.

Mae'r gwely heb ei gweirio
Ac ôl ei chorff hi ynddo,
Hynny a'i hen dedi, Bruno.

Dillad ac ynddynt olion bodolaeth
Yn hongian yn drwm fel hiraeth:
Sgertiau, ffrogiau, marwolaeth.

Nodyn i'r gŵr: 'Y dyn llefrith,
Cofio talu, prês cwpwrdd,
Y drôr ar y chwith.'

Yn wyneb y pethau hyn
Ac wrth weld ei gŵr curiedig
Mae pobol yn cael eu bod
Yn gorfod teimlo'n garedig.

Ac ynghanol yr holl drwbwl
Mae dyn yn ei gael ei hun yn meddwl
A fu i fywyd gancro
Ynteu rywsut, rywfodd, goncro.

Gwyn Thomas

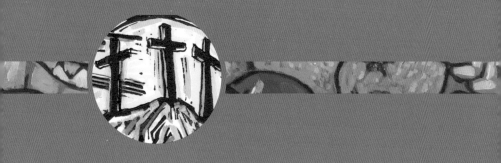

Gweddi'r Terfyn

Mae'n brofiad i bawb na ŵyr neb arall amdano.
Pob un ar ei ben ei hun yn ei ddull ei hun
Piau ei farw ei hun
Trwy filiynau blynyddoedd yr hil.
Gellir edrych arno, gellir weithiau adnabod yr eiliad;
Ni ellir cydymdeimlo â neb yn yr eiliad honno
Pan baid yr anadlu a'r person ynghyd.
Wedyn? Nid oes yn ymestyn i'r wedyn ond gweddi'n ymbalfalu.
Mor druan yw dyn, mor faban ei ddychymyg:
'Yn nhŷ fy Nhad y mae llawer o drigfannau',
Cyn dloted â ninnau, yr un mor ddaearol gyfyng
Oedd ei athrylith yntau ddyddiau'r ymwacâd.
Ninnau ni fedrwn ond felly ddarlunio gobaith:
'Mae'n eistedd ar ddeheulaw Dduw Dad hollalluog' –
Cadfridog a'i orfoledd drwy ddinas Rufain
Wedi'r enbydrwydd mewn Persia o greadigaeth
A'i goroni'n Awgwstws, Cyd-Awgwstws â'i Dad –
Mor ddigri yw datganiadau goruchaf ein ffydd.
Ac o'n cwmpas erys mudandod a'r pwll diddymdra
Y syrth ein bydysawd iddo'n ddison ryw nos.
Ni all ein geiriau olrhain ymylon mudandod
Na dweud Duw gydag ystyr.
Un weddi sy'n aros i bawb, mynd yn fud at y mud.

Saunders Lewis

Clawstroffobia

Fy hen gyfeillion, pan fo hyn o gnawd
Wedi ei gynaeafu a'i yrru drwy
Ffwrneisiau'r felin honno, rhowch fy mlawd
I wynt y nefoedd, nid i gladdfa'r plwy'.
Chwithau rhwng pedair astell weddus ewch,
Pan eloch, at y llu sydd yn y llan;
O'r herwydd ni thristâf, ac na thristewch
Oblegid nad af innau i'r un fan.
I fyny'r drum yr euthum i erioed
Suliau a gwyliau, nid i'r eglwys glyd;
A chan na byddwn ddedwydd dan ei choed
Na diddig yn fy nghysegredig grud,
Rhowch i'm ddychwelyd rhwng y byd a'r bedd
I'r hen fynyddoedd ar fy newydd wedd.

R. Williams Parry

Dydd Gwyl y Meirw

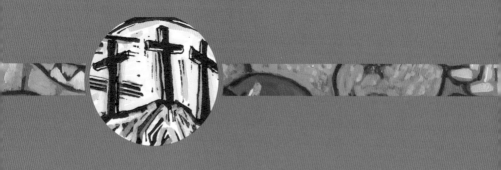

Stafell Gynddylan

Stafell Gynddylan ys tywyll heno,
Heb dân, heb wely,
Wylaf dro, tawaf wedyn.

Stafell Gynddylan ys tywyll heno,
Heb dân, heb gannwyll.
Ond am Dduw, pwy 'rydd im bwyll?

Stafell Gynddylan ys tywyll heno,
Heb dân, heb oleuad.
Hiraeth ddaw im amdanat.

Stafell Gynddylan ys tywyll ei nen
Wedi ei gwyn finteio.
Gwae'r hwn ni wna'r da 'ddaw iddo.

Stafell Gynddylan, aethost wan dy wedd,
Mae mewn bedd dy darian.
Tra fu, nid briw'r glwyd yn unman.

Stafell Gynddylan, mor anhygyrch heno
Wedi'r pen oedd arnat.
Och i angau, pam y'm gad?

Stafell Gynddylan, nid cysurus heno
Ar ben craig drallodus
Heb iôr cry', heb lu, heb loches.

Stafell Gynddylan ys tywyll heno,
Heb dân, heb gerddau.
Cystudd ar ddeurudd yw'r dagrau.

Stafell Gynddylan ys tywyll heno,
Heb dân, heb wyrda.
Yn hidl fy nagrau a dreigla.

Stafell Gynddylan, fe'm gwân i'w gweled
Heb doad, heb dân.
F'arglwydd nid yw: byw fy hunan.

Stafell Gynddylan mor ddrylliog heno
Wedi'r rhyfelwyr selog –
Elfan, Cynddylan, Caeog.

Stafell Gynddylan dan boenau heno,
Wedi'r parch a'm hurddai –
Heb wŷr, heb wragedd a'i cadwai.

Stafell Gynddylan, dawelaf heno
Wedi colli ei dewraf.
Y mawr drugarog Dduw, beth 'wnaf!

Stafell Gynddylan ys tywyll ei nen
Wedi difa o Loegr-wyr
Gynddylan ac Elfan Powys.

Stafell Gynddylan ys tywyll heno
Am blant Cyndrwynyn –
Cynon a Gwion a Gwyn.

Stafell Gynddylan, fe'm gwân bob awr
Wedi'r mawr gydymddiddan
A welais ger dy bentan.

Diweddariad Gwyn Thomas

Pentymor

(John Jones, gwas fferm a newidiai le bob blwyddyn)

Nid ardal ond ardaloedd
Hudai hwn; mor hyfryd oedd
Newid Llan wrth newid lle
A chrwydro 'nhawch yr hydre'
Ffeiriau'r oes, lle'r yfai'n ffri
O lager y cyflogi.

Un plwy' sydd iddo mwyach,
Hyd ei fyd yw stafell fach;
Ond i un na fynnodd dŷ
Na hualau un teulu
Troi'n yr unfan sy'n anodd
A Chalan Gaea'n gwahôdd.

Idris Reynolds

Noson Tân Gwyllt

Tachwedd ydi'r amser pan fydd y flwyddyn
Yn dod i afael y gaeaf,
Ond mi fyddwn ni am fynnu, am dipyn,
Bod ein byd mor loyw â'r haf.
Ac mi fyddwn ni'n codi coelcerth
Mor anferth ag y medrwn ni
A'i rhoi hi, fel llygedyn o haul,
Yn wyneb y tywyllwch, a byddwn ni
Yn ceisio gwirioni'r düwch a'i wneud yn araul.

Bydd darn o'r nos yn llosgi
A melynion yn llamu i'r awyr
Yn llwyni gwyllt o oleuni
Cyn cael eu llyncu'n llwyr
Gan ellyllon y tywyllwch.
Dyma ein coelcerth ni.

Yna daw'n amser
Taflu pupur i wyneb y nos:
Fe hyllt y du gan dân gwyllt.
Tanio un nes ei fod yn swisian
O wreichion ac yna'n troi'n rhos
Gloywgoch a brwmstan.

Tân, a rhoced yn ffisian yno
Yn chwap dan do'r awyr,
Yna'n sblasio'n gesair disglair
Ac yn haleliwia o liwiau.

Ac ar y llawr mae yna dân yn cael sterics,
Yn cynddeiriogi'n las gloyw a gwyrdd
Cyn tisian yn gerddorfa drydan
O oleuni.

Acw mae coeden decnicylyr
Ac arni glychau melyn
A barrug arianwyn.

Gloywderau acw'n ffrwtian,
Yna'n ffrwydro'n filoedd o sêr gwyrdd
Ac yn fyrdd o oleuni,
Cawod hefyd o oleuadau a lliwiau.

Troi, troi -oi -oi -oi
Olwyn Catrin wen yn whiw whiw whiwian
Gwreichion arian, arian.

Papur glas yn mud, mud losgi,
Rhibedu wedyn ar i fyny,
Clec ac yna'r awyr yn troi'n Nadolig
A thuswau o flodau llachar yn datod ar hyd y nos.

Chwrligwgan yn styryffaglio
A sgleinio'i ffordd yn droellau
Ar i fyny, a bathdy wedyn yn byrstio
Ac yn tollti ceiniogau newydd am ben y tywyllwch.

Siwrwd o oleuni
A rhaeadr dew o aur
Fel hufen yn glygio glygio
O gorff y Gannwyll Rufeinig.
Tân yn troi'n lloerig ac, yn siŵr,
Yn ceisio bihafio yn union fel dŵr!

Pistyll gwynt yn dringo
A mynd yn batj i'r tywyllwch,
Clatj enbyd
Ac o'r ergyd
Pobman yn sêr a llwch o loywderau.

Ac yna, ar ôl y gwibio,
Y crensian godidog o oleuni,
Y lluwch mawr o liwiau
'Does yna ddim yn aros
Ar ôl o'n hymdrech â'r nos
Ac â'r gaeaf ond düwch
A diffodd a thywyllwch.
Ond nes daw eto'r haf yn ôl
Mi fydd ein cof ni'n sgleinio
Gan hwyl y noson honno.

Gwyn Thomas

Noson Tân Gwyllt

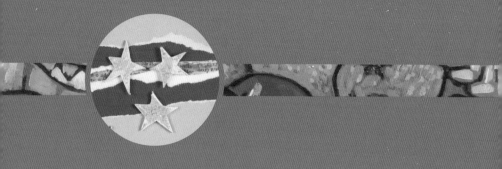

Sbarclar

Noson chwil o liwiau chwâl
Enfysau'n ffrwydro'n siwtrws swnllyd
A chwerthin plant
Yn drybowndian drwy'r gerddi.
Rocedi
Yn frwshys paent hyd yr awyr;
Sbloet gogoneddus o hwyl llachar
Yn troelli'n chwrligwgan Gatrin
Ar bolyn,
Yn tasgu'n llifeiriant
O'i wâl bridd,
Yn saethu'n sbectrwm gwibiog
I'r entrychion.
Pryferthwch pell,
Y tu hwnt i afael busneslyd
Y bysedd bychain.
Ac yna RHYFEDDOD!
Mam yn sodro'n ei law
Hudlath wefreiddiol,
Brigyn yn deilio'n ddisgleirdeb;
Harddwch hyd braich.
Crwtyn cegrwth,
Â'i lygaid yn grwn gan syndod,
Yn cythru'n farus am y gwreichion,
Yn ysu am feddiannu'r hisian gwyn.
Mam yn atal y dwylo prysur, penderfynol

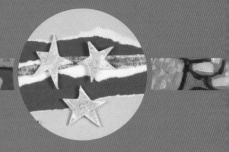

Dro ar ôl tro,
Ac yntau'r bychan
Yn sgrechian ei rwystredigaeth
Ac yn byddaru'r nos â'i siom.
Crio,
Heb ddeall eto
Mai peth peryg, poenus
Yw harddwch.

Menna Thomas

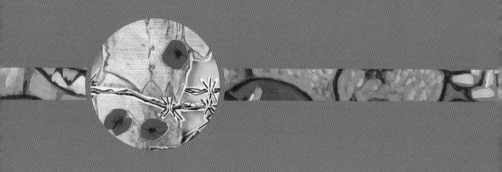

Paid

(I Wilfred Owen ar ôl gweld y ffilm Regeneration)

Paid meddwl am i 'atal dweud'* dy hawlio
yn y gamlas olaf honno,
y gamlas bitw, hollbwysig honno,
ym mrwydr olaf bron
y Rhyfel i derfynu pob rhyfel,
paid meddwl nad oes dynion heddiw'n
dilyn wagenni'n drymlwythog
gan ieuenctid.

Paid meddwl nad oes ysgyfaint heddiw'n
glafoeri gan nwyon gorffwyll,
bywydau diamddiffyn yn mygu
gan ideoleg a diffyg ideoleg.

Paid meddwl nad oes ffosydd heddiw'n
llawn wynebau diadnabod
ac enwau'n galw ar ei gilydd
yn nhir neb;
mae'r wynebau'n glaf gan bechod o hyd.

Paid meddwl y daeth terfyn ar hyn oll
gyda dy derfynu di.
Ond ni cheulodd, chwaith, y gwaed
a lifodd trwy d'ysgrifbin.

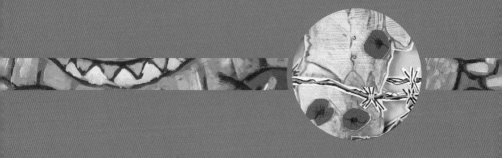

Ac os tybiaist
ar ôl llithro'n chwilfriw i'th dawelwch
y rhoddwyd taw ar yr hen gelwyddau,
paid . . .

Dafydd John Pritchard

* Credai'r 'sefydliad' adeg y Rhyfel Mawr y siociwyd rhai
milwyr cyffredin hyd at fudandod llwyr gan yr erchyllterau
a welsant, ond na fyddai'r swyddogion, a oedd ar y cyfan
yn perthyn i ddosbarth cymdeithasol uwch, yn dioddef
dim rhagor nag atal dweud.

Dydd y Cofio

Yn Nhachwedd y mae'n weddaidd – cofio'r llu,
    Cofio'r lladd anwaraidd,
     Ond trwy ust yr ennyd traidd
     Y twrw militaraidd.

O. M. Lloyd

Gweddi yn amser Rhyfel

Ti, Dduw y duwiau, crëwr yr wybrennau,
Gostwng dy glust a gwrando ar ein gwlad;
O chlywi di yn nhwrf yr awyrblenau,
Dyro dy fendith ar beiriannau cad.
Paid gwrando ar weddïau dynion estron,
Na sylwa ar eu cais, os gweli'n dda;
Rho'n hytrach hergwd farwol i'r carnladron
Â digon o fwledi, nwy a phla.
Nyni sy'n iawn; cystal i ti gyfaddef,
A bwrw iddi i ddinistrio'r lleill;
Rho arnynt farn rhy galed i'w dioddef
Os nad oes gennyt rywbeth ar y gweill.
A dyro fuddugoliaeth lawn i ni,
Megis i Rufain gynt ar Galfari.

T. E. Nicholas

Nid a'n ango

Ei aberth nid â heibio, – ei wyneb
    Annwyl nid â'n ango,
    Er i'r Almaen ystaenio
    Ei dwrn dur yn ei waed o.

Hedd Wyn

Cenedlaethau

'What passing-bells for those who die as cattle . . . '

Ar bnawn dydd Gwener llaith yn nhre' Croesoswallt
a'r goleuadau'n fflicran ar y stryd,
a mwg y ceir yn gwneud i fysgar hirwallt
daranu 'Dolig llawen' ar y byd:
dilynai'r cyfnos gamau'r plant o'r ysgol
heibio i fagnel mawr yr ardd goffáu,
a'r blodau'n gwywo ar y dorch hydrefol,
wrth i fis Tachwedd arall ymbellhau;
nes cyrraedd cofeb ar y mur yn llechu
yng nghysgod tŵr Sant Oswallt, lle nad oedd
na blodyn na chofgolofn faen yn sythu
i ddatgan goruchafiaeth grym ar goedd:
dim ond llinellau di-droi'n-ôl y bardd
yn canu cnul y llanciau yn yr ardd.

Croesoswallt
Rhagfyr 2001

Iwan Llwyd

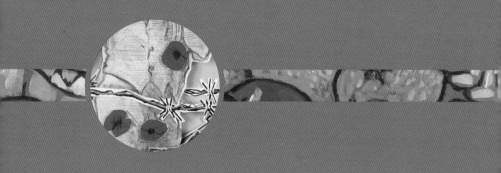

Y Pabi Coch

'R oedd gwlith y bore ar dy foch
Yn ddafnau arian, flodyn coch,
A haul Mehefin drwy'r prynhawn
Yn bwrw'i aur i'th gwpan llawn.

Tithau ymhlith dy frodyr fyrdd
Yn dawnsio'n hoyw ar gwrlid gwyrdd
Cynefin fro dy dylwyth glân
A'th sidan wisg yn fflam o dân.

Ond rhywun â didostur law
A'th gipiodd o'th gynefin draw
I estron fro, a chyn y wawr
Syrthiaist, â'th waed yn lliwio'r llawr.

I. D. Hooson

Distawrwydd Sul y Cofio

Heddiw 'mhell mae'r beddau mud – yn filoedd
O'n ryfela ynfyd,
A ninnau'n rhoi dau funud,
Dau wedi'r holl farw drud.

Dafydd Wyn Jones

Rhagfyr ...

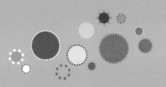

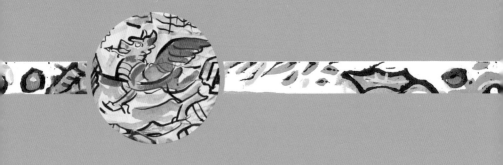

Cilmeri

Fin nos, fan hyn
Lladdwyd Llywelyn.
Fyth nid anghofiaf hyn.

Y nant a welaf fan hyn
A welodd Llywelyn.
Camodd ar y cerrig hyn.

Fin nos, fan hyn
O'r golwg nesai'r gelyn.
Fe wnaed y cyfan fan hyn.

Rwyf fi'n awr fan hyn
Lle bu 'i wallt ar welltyn
A dafnau o'i waed fan hyn.

Fan hyn yw ein cof ni
Fan hyn sy'n anadl inni.
Fan hyn gynnau fu'n geni.

Gerallt Lloyd Owen

Cofio Llywelyn

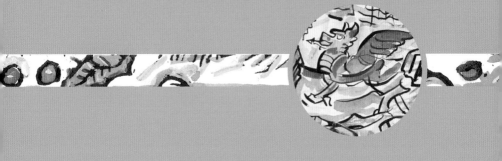

Gaeaf

Yn y gaeaf yr oedd tristwch
Yn y gaeaf roedd tywyllwch,
Yn y gaeaf fe ddaeth gelyn
I drywanu ein Llywelyn.

Coch yr haul y dwthwn hwnnw
Coch y llygaid pan fu farw,
Coch yr aeron ar y celyn,
Coch oedd dafnau gwaed Llywelyn.

Colli gwaed a cholli bywyd,
Colli'r frwydr, colli rhyddid,
Colli arwyr mewn cyflafan,
Colli Ll'welyn, colli'r cyfan.

Ann Fychan

Eira cyntaf

(Yn ystod eira mawr Rhagfyr 1981 bu farw fy mam)

Heno mae perthi'r hirlwm
o dan eira cynta'r cwm;
mae ei drwch o drum i draeth,
eira a'i lond o hiraeth:
deil cur un Rhagfyr o hyd
imi yn lluwch disymud.

Eira'n hunllefus oriau,
eira'n fil o ddychrynfâu,
eira dydd fy nagrau dall,
eira ddoe, mor ddiddeall!
eira'r cof chwilfriw, cyfan,
eira'n loes, er hynny'n lân.

Peredur Lynch

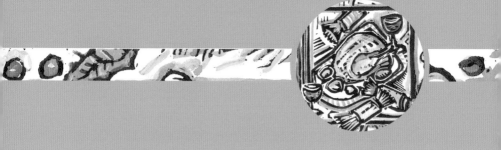

Y Ddwy Wydd Dew

Hen ŵr bychan
A dwy ŵydd dew
Yn mynd tua'r farchnad,
Drwy'r eira a'r rhew;
Yr hen ŵr bychan
Yn chwerthin yn braf,
A'r ddwy ŵydd druan
Yn teimlo'n reit glaf.

"Ddown ni byth yn ôl,"
Meddai'r ddwy ŵydd dew;
"Fe'n gwerthir ni heddiw
Am bris go lew;"
A gwerthwyd y gwyddau
I gigydd mawr tew
Y diwrnod hwnnw
Am bris go lew.

Yr hen ŵr bychan
A'i logell yn llawn,
Ddaeth yn ôl i'w dyddyn
Yn hwyr y prynhawn,
Ei lygaid yn loyw
A'i dafod yn dew
"Myn dyn," meddai ef.
"Cefais bris go lew."

Ac ymaith â'r gwyddau
Yn rhwym yn y drol;
A'r cigydd a'u lladdodd
Heb ragor o lol;
A dyna oedd diwedd
Y ddwy ŵydd dew,
Aeth i ffair y Nadolig,
Drwy'r eira a'r rhew.

I. D. Hooson

1941 Diwrnod Pluo

Holl drigolion ardal Llangwm
A wnewch wrando hyn o rigwm,
Ceisiaf adrodd i chwi'n gryno
Ddigwyddiadau ddydd y pluo.

Rhaid oedd codi, oer neu beidio,
Dipyn cynt, a ras i odro,
Nid oedd amser bron i chwythu
Anodd gweithio yn y fagddu.

Daeth rhyw bump o bluwrs handi
Gyda'r dydd i Dyddyn Eli,
Gan fod yno haid o wyddau
Eisiau'u pluo at y Gwyliau.

Gwilym [1] ddaeth i lawr o 'Selgwm
Yn brasgamu gyda'i bastwm,
Wil Fron Haul [2] a John o'r Cwmllan [3]
Mrs Owen gwmni diddan.

Ellis ddaeth o Leddweddfigin
A chael 'paned yn y gegin,
Dweud wrth Gwyneth [5] yn ysmala
'Paid a dweud fy mod i yma.'

Wedi gollwng gwaed y gwyddau,
A rhoi hugan am eu pennau,
Fe ddechreuwyd ar y pluo
Pawb a'i ŵydd gan ddifyr sgwrsio.

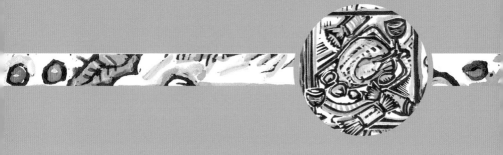

Trin y byd a'i ddyrys bethau
Byd y gân ac adrodd chwedlau,
Weithiau taeru pur gynhyrfus
Rhwng Tom Hughes [4] a Robert Ellis [6].

Thomas Hughes a bluai'n ddygyn
Bob yn ail a chael ryw fygyn,
Wedi tynnu y plu brasa
'Hwde Bob tyn di rhai mana.'

'Sticiwch iddi,' meddai Ellis,
Ac yn edrych yn anfelys,
Digon hawdd yw dechrau rhywbeth
Ond ei orffen dyna'r benbleth.

Daeth y diwrnod hwn i derfyn
Pawb mewn plu hyd at ei gorun,
A 'rhen wyddau'n llwm a chroenlan
Gwledd Nadolig a Dydd Calan.

Trefor Hughes

*1. Gwilym Jones; 2. William Williams, Fron Haul; 3. Ei
frawd John Williams, Cwmllan; 4/5. Thomas E.
Hughes a'i ferch Gwyneth; 6. Robert Ellis,
Llechweddfigin.*

Adfent

Adfent

(Eglwys Dewi Sant, Pen y Cei, y Bermo)

Pnawn Sadwrn glawog
a'r ceiniogau
yn disgyn yn isel a gwag
i'r blwch casglu
yn y wal.

Y seddau'n oer i weddïau clòs,
ac amser yn diferu ei dawelwch
ymhell o ras siopau'r dinasoedd.

Yna'n sydyn sŵn y drws pren yn crafu'n agored
a dwy o wragedd oedrannus y llan
yn dod i weini'r Adfent
bnawn Sadwrn.
Dod i drawsnewid blaen Eglwys
yn barod at y Sul.
'Mae 'na rywun yma,'
meddent yn ddrwgdybus
cyn 'nabod stamp fy nhylwyth.

Mae rhai yn dal i baratoi
at ei ddyfod Ef.
Afon Mawddach
yn llifo'n ariannaid heddychlon heibio
er bod berw yn y Bae,
argoel o gynnwrf   Bodlonwn ar Adfent heddiw
yn dyrnu ar y gorwel.   er bod cur a gwaedd yn addewid
                          rhyfedd y tonnau,
                          yn ogystal â rhwydi llawn.

Aled Lewis Evans

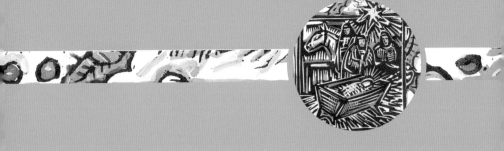

Gwaith y Nadolig

Y mae gwaith y Nadolig yn dechre
pan ddaw dydd Nadolig i ben,
pan fydd Santa 'di'i throi hi am adre
a'r goeden yn ddim byd ond pren.

Pan fo'r tinsel yn saff yn yr atic
yn angof mewn dau neu dri blwch,
y cyfarchion a'r cardie 'di llosgi
ac ysbryd yr wyl yn hel llwch.

Bryd hynny y mae angen angylion
i dorchi'u hadenydd go iawn,
a bryd hynny mae angen lletywr
all 'neud lle er bo'r llety yn llawn.

Yr un pryd mae galw am Fugail
i warchod y defaid i gyd,
fel mae galw am ddoethion a seren
i egluro tywyllwch y byd.

Mae 'na alw am gast drama'r geni
drwy'r flwyddyn i weithio yn gudd,
am fod gwaith y Nadolig yn anodd –
yn ormod o waith i un dydd.

Mererid Hopwood

Nadolig

Drama'r Nadolig

Defod, ar y Nadolig, yw fod
Plant y festri, y bychain,
Yn cyflwyno yn ein capel ni
Ddrama y geni.

Bydd rhai oedolion wedi bod wrthi
Yn pwytho'r Nadolig i hen grysau,
Hen gynfasau, hen lenni
I ddilladu y lleng actorion.

Pethau cyffredin, hefyd, fydd yr 'anrhegion':
Bydd hen dun bisgedi,
O'i oreuro, yn flwch 'myrr';
Bocs te go grand fydd yn dal y 'thus';
A daw lwmp o rywbeth wedi'i lapio,
Wedi'i liwio, yn 'aur'.
Bydd yno, yn wastad, seren letrig.

Bydd oedolion eraill wedi bod yn hyfforddi angylion,
Yn ceisio rhoi'r doethion ar ben ffordd,
Yn ymdrechu i bwnio i rai afradlon
Ymarweddiad bugeiliaid,
Ac yn ymlafnio i gadw Herod a'i filwyr
Rhag mynd dros ben llestri –
Oblegid rhyw natur felly sy ym mhlant y festri.
Bydd Mair a bydd Joseff rywfaint yn hŷn
Na'r lleill, ac o'r herwydd yn haws i'w hyweddu.
Doli, yn ddi-ffael, fydd y Baban Iesu.

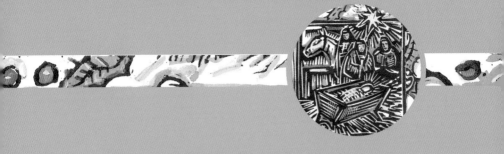

O bryd i'w gilydd, yn yr ymarferion,
Bydd cega go hyll rhwng bugeiliaid a doethion,
A dadlau croch, weithiau, ymysg angylion,
A bydd waldio pennau'n demtasiwn wrthnysig
I Herod a'i griw efo'u cleddyfau plastig.
A phan dorrir dwyster rhoddi'r anrhegion
Wrth i un o'r doethion ollwng, yn glatj, y tun bisgedi
Bydd eisiau gras i gadw'r gweinidog rhag rhegi.

Ond yn y cariad fydd rhwng y muriau hynny
Ar noson y ddrama, bydd pawb yn deulu;
Bydd diniweidrwydd gwyn yr actorion
Yn troi'r pethau cyffredin, yn wyrthiol, yn eni,
A bydd yn ein nos, yn ein tywyllwch, y seren letrig
Yn cyfeirio'n ôl at y gwir Nadolig,
At y goleuni hwnnw na ellir mo'i gladdu.
Ac yng nghanol dirni ac enbydrwydd byd sy'n gaeth
                              dan rym Herod
Fe ddywedir eto nad yw Duw ddim yn darfod.

Gwyn Thomas

Santa Clôs

Pob blwyddyn o'm mhlentyndod, roedd un nos
Diddychryn ei thywyllwch, lawn o hud,
Pan ddeuai rhyw hen ŵr 'dros fryn a rhos'
Yn dwyn llawenydd i holl blant y byd.
Ac yn ei sach yr addewidion fil
Gyflawnai holl freuddwydion 'r aros hir;
A chofiaf, cyn y wawr, y rhuthro chwil
I brofi gair yr henwr mwyn yn wir.
Ond cofiaf hefyd ddyfod golau dydd
'R ôl nos plentyndod glud, fel awn yn hŷn,
Pan ddrylliwyd ffwlbri fy mhlentynaidd ffydd,
'R ôl llyncu afal rheswm oerllyd dyn.
Ond heno gwn na rwystra bariau gofid
Y Sant rhag dod yn ôl, a'i rodd o ryddid.

Rhagfyr 20fed, 1978

Siôn Aled

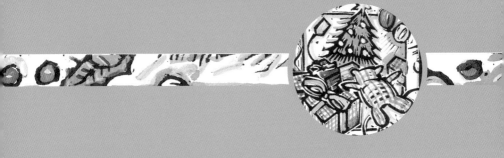

Coeden Nadolig v. Caws

Den ni'n codi coeden yn y stafell fyw
i gofio geni Crist, mab Duw.
Pam cael coeden yn tŷ, does gen i'm clem:
oedd hyn yn arferiad ym Methlehem?
Dwi 'di sbio'n y Beibil, 'sna'm sôn am fins peis
na choeden na thinsel na Morcam and Weis;
ma' gen bawb goeden, peidiwch gofyn pam,
ond ma'r goeden druan yn cael dipyn o gam
'chos tra den ni'n byta'n twrci a'n treiffl i de
yng nghwmni Eastenders a ripîts Fo a Fe
mae'r goeden druan yn colli'i nodwydde
ac yn marw'n araf. Dwi ddim yn deud clwydde.
Mae'r holl fusnes yma'n mynd rownd 'y mhen i
ac felly dwi'm yn cael coeden eleni:
na, yn lle coeden be sy gennon ni
ydi tamaid bychan o gaws Brie;
mi brynes i o yn Seffwê,
dio ddim yn cymryd lot o le,
mae'n drewi braidd, ond mae'n haws manwfro
ac yn golygu dipyn llai o hwfro.
Mae'n eistedd mewn soser ar y llawr
ac yn gwneud i'r presante edrych yn fawr;
mae'n denu llygod bach o'r ardd
a phlant amddifad, ac ambell fardd,
felly'r flwyddyn nesaf, gwnewch 'ych gwylie'n haws
a rhowch eich tinsel ar damaid o gaws.

Geraint Løvgreen

Yr eiliadau

Yn yr eiliadau rhwng dwy gynghanedd,
rhwng cusanu'r bychan a'i roi i orwedd,
rhwng gwisgo'r faneg a stwytho'r bysedd
wrth i eiriau fferru ar wynt y gogledd,

Rhwng gweld hen wyneb a chofio'r enw,
wrth blicio label oddi ar botel gwrw,
rhwng rhoi'r teganau drachefn i'w cadw
a gwylio heddiw yn y tân yn marw,

Rhwng canu'r garol a rhoi calennig
a thynnu'r celyn o'r waliau cerrig
a gweld bod 'leni a llynedd mor debig,

yn yr eiliadau hynny'n unig
mae 'na dawelwch, ac mae'n Nadolig.

Mei Mac

Diffodd y golau

Roedd 'na rywbeth
yn go arbennig
yn nhre'r Nadolig
pan ddiffoddodd y trydan.

I ganol ein prysurdeb,
ein paratoi, death amheuaeth i gnoi
i'n disgwyl caniataol.
Pryd ddeuai'r golau yn ôl?

Dim gwerthu yn Marks,
dim coffi yn y caffi,
y siopau'n dywyll fud;
fel petai'r gwir Nadolig
yn ceisio cael cyfle
i rannu'i genadwri.

Ac roedd rhywbeth yn braf
yn yr arafu,
yr eistedd, y disgwyl,
a'r siarad efo'n gilydd.

Roedd Duw yn deall yn union
beth oedd o'n ei wneud
pan dorrodd o'r cyflenwad trydan
Noswyl Nadolig.

Aled Lewis Evans

Carol Nadolig

(allan o Threshold of Light *A. M. Allchin ac Esther de Waal.
Cafwyd y garol gan Roderick MacNeill, gwerinwr o Barra.
Byddai'r gwyr ieuanc yn arfer mynd o dŷ i dŷ
gan ganu carolau.)*

Y nos hon yw'r nos hir,
Bydd yn bwrw eira ac yn lluwchio,
Bydd eira gwyn tan y dydd,
Bydd lleuad gwyn tan y bore,
Y nos hon yw noswyl y Geni Mawr,
Y nos hon y genir Iesu, Mab Brenin y Gogoniant,
Y nos hon y genir i ni wreiddyn ein llawenydd,
Y nos hon y tywynnodd haul y mynyddoedd uchel,
Y nos hon y tywynnodd môr a glan ynghyd,
Y nos hon y ganwyd Crist, Brenin y mawredd,
Cyn clywed bod y gogniant wedi bod
Clywyd y don ar y marian,
Cyn clywed bod ei droed wedi cyrraedd y ddaear
Clywyd cân y gogoneddus angylion,
Y nos hon yw'r nos hir.

James Nicholas

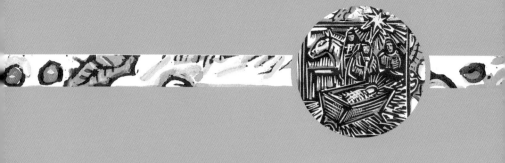

Cyfarchiad Nadolig at Wleidydd

Bechod nad oeddet ti yno,
'Roedd 'na fôts yn y preseb a'r gwair,
Wrth uchel longyfarch Joseff,
A chael tynnu dy lun gyda Mair.
Ac O, fel y chwyddai'th fwyafrif
Pan godet 'run bychan o'i hun,
Ac yna, fel y gwnaeth Jwdas,
Rhoi cusan i Fab y Dyn;
Ac wedi iddynt droi tua'r Aifft ar ddisberod
Caet yfed cwpaned o de gyda Herod.

Tegwyn Jones

Y Geni

Mor ddieithr, coeliaf i, fuasai i Fair
A Joseff ein hanesion disglair ni
Am gôr angylion ac am seren, am dair
Anrheg y doethion dan ei phelydr hi.
Ni bu ond geni dyn bach, a breintio'r byd
I sefyll dan ei draed, a geni'r gwynt
Drachefn yn anadl iddo, a'r nos yn grud,
A dydd yn gae i'w gampau a heol i'w hynt.
Dim mwy na phopeth deuddyn – onid oes
I bryder sanctaidd ryw ymglywed siŵr,
A hwythau, heb ddyfalu am ffordd y groes,
Yn rhag-amgyffred tosturiaethau'r Gŵr,
A'u cipio ysbaid i'r llawenydd glân
Tu hwnt i ardderchowgrwydd chwedl a chân.

Waldo

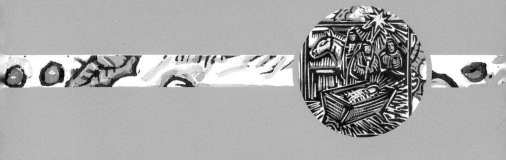

Herod

'Awn ni yn ôl,' medden nhw,
'Mae Herod wedi marw.'

A choelio, a dychwelyd
Yn dri bach i ladd-dy'r byd
Gan wneud eu trig lle trig trais.

Do, am eiliad, mi welais
Y Mab yng ngwedd y baban,
Ei groen gwag, a'i esgyrn gwan,
Yn y baw yn disgwyl bwyd –
Neu ddryll – i wersyll arswyd.

Ei newydd boen sy'n ddi-ball
Dan ddyrnod Herod arall.

John Gwilym Jones

Yn Sugno Bron Maria

Y Crëwr bach sy'n crïo
(onid o raid?) ambell dro,
achwyn ei gwyn, 'stumio'i geg,
gan chwennych sugno 'chwaneg.
Ei dad sy'n ei godi o,
y saer am ei gysuro,
sy'n gwenu, yn canu cân,
heb lwyddiant, a nawr bloeddia'n
Gwaredwr blin (os dinam)
am burdeb cymundeb mam,
ac mae'r saer yn lapio siôl
yn gynnes neis am ganol
ein Hiachawdwr, a chodi
Brenin Nef at ei bron hi
am faeth y blaenllaeth, a blas
pur a thyner perthynas
â'r un fu'n ei garu Fo
cyn ei fod. Cwyn ei fwydo
dry'n rwndi swci, yn su
tyner gwefusau'n tynnu
yn farus bob diferyn
heb oedi dim. Mab y Dyn
â'i law fach sy'n dal ei fyd,
ei afael sy'n cau hefyd
yn dynn dynn am gudynnau
ei gwallt, a'i fysedd yn gwau
drwyddo, cyn llacio o'r llaw
yn dyst i'w gysgu distaw.

Ac osgo mud ei gysgu
sy'n hedd in drwy'r noson ddu:
Hogyn Bach yn sugno bawd
hyd oesau y bydysawd.

Emyr Lewis

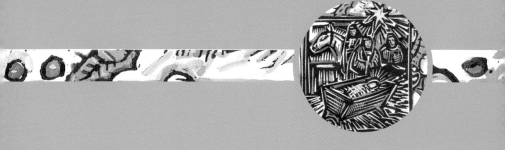

Dau englyn cil-dwrn:
Sgwrs Nadoligaidd

Sioned Corn:

Cefais lond bol o'r Dolig, – wir, Sionyn;
    Ers Ionawr bûm unig
       Drybeilig.

Siôn Corn:

(Yn sychu'i wep â sach wag). 'Dim heno,
    Dim ynni beth bynnag;
       Sledlag.'

Arwyn Roberts

Carol Blygain

Beudy di-nod
a'r rhew a'r ôd ar barwydydd,
dau mewn lludded
geisiai nodded un diwedydd;
esgorodd Mair
yno'n y gwair rhwng magwyrydd
ar Fab Gwyrthiol, -
dod â'r Dwyfol i Dre Dafydd.

Yr eira'n drwch
ar dawelwch hwyr y dolydd,
a'r gwynt atgas
â'i wrym a'i ias ar y meusydd;
taer yw'r broffes
ddaw o fynwes y Negesydd,
a golau cry'
yn ariannu nos wybrennydd.

Daw'r goludog
i anwydog fam annedwydd
tua'r hofel
ar dri chamel, - tri ymwelydd
yno'n plygu,
ânt at Iesu eu Tywysydd
i'r fangre hon
i roi'u rhoddion cyn boreddydd.

Sêr-ddewiniaid
a bugeiliaid gyda'i gilydd
a'r Mab Bychan –
try eu gaea'n ha' tragywydd;
ninnau ganwn,
â llu unwn mewn llawenydd,
yn ein cyni,
daw i'n geni ni o'r newydd.

Iwan Morgan

Plygain Llanymawddwy

Yn ddeuoedd a thrïoedd,
neu yn gorau cyfain,
deuent yn ddigymell i'r golau.
Trôi'r canhwyllau cynn
yr anenwedd yn weddnewid,
ac yn litwrgi amnaid a goslef
profem y berth yn llosgi
heb ei ddiffodd.

Ffermwyr oeddynt, a merched ysgol,
mecanyddion garej, a chlercod swyddfa.
Ond trodd y cyffredinedd
yn hynodrwydd llachar
wrth allor y gweddnewidiad.

Ai hen arfer yn unig oedd hwn,
neu draddodiad a gedwir
yn nannedd drycin?
Neu a oedd yma ystyr hud?

Gareth Alban Davies

Y Nadolig

(A chofio John Brown, crwydryn ffyddlon ei ymweliadau â'r Cilie 'slawer dydd. Dechreuodd gerdded y ffordd fawr o Ddowlais, meddai ef, ac wedi hir deithio bu farw y Gwyddel rhadlon hwn yn nhloty Llanbedr-Pont-Steffan yn 'ugeiniau'r' ganrif hon.)

Fe'i cofiaf yn dod fel tae neithiwr,
Gan ganu ei bibell dun,
A gwyddem i gyd mai'r hen deithiwr
Oedd yno yn ymyl y llyn.

'Irish Jig' oedd ei ddewis fel rheol
Wrth nesu at iet y clôs,
Ond heno, 'Adeste fideles'
A glywir yn awyr y nos.

Fe wyddai fod gwellt yn y sgubor
Lle cawsai lety di-dâl,
A bod tocyn o gaws a chawl eildwym
Cyn iddo noswylio i'w wâl.

Ac yno, a Moss iddo'n gwmni,
Y cysgai'r hen grwydryn llwm;
Y lluwch yn toi Banc Llywelyn,
A'r deri yn feddw yn y cwm.

Bydd blas ar y twrci yfory,
A phawb ynghyd o'r hen ach;
Ac yntau, wrth gwrs, yr un ffunud –
Ond ei fod yn y Gegin Fach.

Blagardied y gwynt yn y coedydd,
A rhwyged taranau a mellt,
Os caf fynd yn ôl i'm Nadolig
A John Brown yn cysgu'n y gwellt.

S. B. Jones

Marwnad Siôn Corn

Mae Siôn Corn wedi marw,
daeth y neges ar y ffôn,
a gwelais olau'r ambiwlans
yn las ar y lôn:

mae Siôn Corn wedi marw,
gafaelais yn ei law
a'i theimlo'n oer a llonydd
fel cusan yn y glaw:

mae Siôn Corn wedi marw,
at bwy y sgrifennaf i?
ni chlywaf eto'i chwerthin mawr
am ben y sêr di-ri':

mae Siôn Corn wedi marw,
ni ddaw o'r ddaear oer
i gysuro'i blant sy'n crïo'n
amddifad dan y lloer:

mae Siôn Corn wedi marw,
ond eto'n ddistaw bach
disgwyliaf, fore'r Dolig,
weld ei anrheg yn y sach.

Iwan Llwyd

Nadolig

169

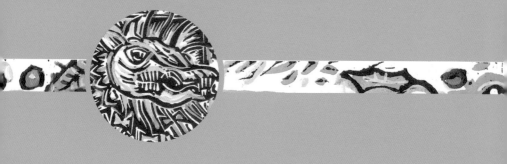

Nos Calan

Llifai'r addewidion
yn rhydd fel y gwin
neithiwr
yn ffwlbri'r parti.

Bu'n hwyl
cael brolio addunedau
i'r byd a'r betws.
Cawsom flas
ar drafod ein delfrydau priodol
                hyd at syrffed:
pigo dan grachen waedlyd Cilmeri
a llosgi'n ferthyron yng nghoelcerth Penyberth,
boddi'n heneidiau yng nghywilydd Tryweryn
a drachtio dagrau dof y gwrthod
a ddrysai ruddiau Dewi yn '79.
Gwingodd pawb
rhag cicio'r Bradwr a'r Gelyn a'r Cachgi
a gleisiai falchder ein hil.
Gwelsom fyd oedd yn ddu a gwyn
a phob un yn ddiawl
                neu yn dduw.

Gwthiai dagrau galar
i lygaid ambell un
hyd yn oed.

Oedd, roedd hi'n wefr
cael caru gwewyr
           dros dro.

Sobrodd ein stŵr
a pharchusrwydd y wawr yn gwgu;
hunllef fusgrell
           yn y bore bach
yw breuddwyd gyhyrog neithiwr.
Cefnasom ar einioes ein breuddwyd,
ni wyddom, bellach, ystyr y gair.
Onid nyni, heddiw, yw'r cachgwn?

* * * * * * *

Tybed fydd eleni
fymryn
       yn wahanol i'r llynedd?

Mae'r Flwyddyn Newydd
eisoes
       yn blentyn henaidd
a ddyrnwyd â'r celwydd caled.

Gerwyn Williams

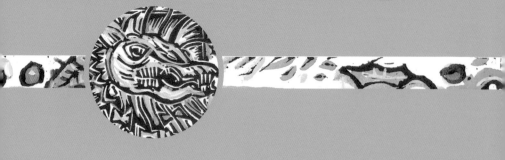

Dydd Calan

Âf yn ôl, tynfa hen nwyd,
Eilwaith i glydwch aelwyd.
Wedi'r dwt a bwydo'r da
Hael wahoddiad i wledda;
Rŵm ford a'i ffwrwme fu
Yn lloches cyfeillachu,
Ac yno arlwyo'r wledd
Yn gwlwm o ymgeledd.
Dihafal oedd dydd Calan
I dylwyth ger tanllwyth tân.
Dydd diddan, a'i gân a'i gêm,
Â'i galennig a lanwem.

Aled Gwyn

Eira'r Calan 1962

Duw ledodd dros ford lydan – ei gamrig,
 Rhoes Gymru mewn sidan;
 Teilwriodd siwt liw arian
Ffit i'r wledd, o'i ffatri wlân.

Y wlad gaf dan gwrlid gwyn – yn hardd iawn
 Ar ddydd cynta'r flwyddyn;
 Ar y plot gwelaf smotyn
O faw du, – efe yw dyn!

Isfoel

Dydd Calan

F'adduned, gwnaf ddaioni yn wylaidd,
    Rhoi'n hael o'm tosturi;
    Yn hwyr, a'r dydd yn oeri
    Yr â hi'n faich arnaf i.

               Gareth Neigwl

Ar Nos Galan

Yn y gwydr cawn lygadu y tywod
    di-hoe sy'n golygu
    bod gan y truan a'i try
    wy arall i'w amseru.

          T. Arfon Williams

Tase bysedd bach y rhew

Tase bysedd bach y rhew
yn cyffwrdd â'u hewinedd main
am eiliad yn y cocos mân
sy'n tician ar y silff-ben-tân
a fferru yr olwynion aur;
a tase'r oerfel sydyn hwn
yn mynd fel haint o gloc i gloc,
gan atal tip pob pendil trwm
a gafael yn y pwysau plwm
sy'n dirwyn y peiriannau dur
sy'n gyrru clociau mawr y byd;
yn rhewi'r electronau chwim
sy'n goglais y crisialau clir
sy'n siglo'r watsis bach i gyd;
nes bo pob oriawr a phob cloc
yn llonydd heb na thic na thoc
a llwch fel hadau dant-y-llew
yn disgyn lle bu'r bysedd rhew;
'sa'r flwyddyn nesa' ddim yn dod,
ond basa heno'n dal i fod.

Emyr Lewis